Huitième Année. — NUMÉRO SPÉCIAL

DIRECTEUR·HENRY·LAPAUZE

LA RENAISSANCE
POLITIQUE·LITTÉRAIRE·ÉCONOMIQUE

SOMMAIRE

LA VICTOIRE AJOURNÉE

et

L'Arrêt de l'Offensive d'Avril 1917

PAR

Le Général CORDONNIER

Ancien Commandant de l'Armée Française d'Orient

RÉPONSE

à

M. PAUL PAINLEVÉ

LE·NUMÉRO· 2 FRANCS
20 Frs·PAR·AN·POUR·LA·FRANCE
30 Frs·PAR·AN·POUR·L'ÉTRANGER
RUE·ROYALE·N° 10·PARIS·8e

LA VICTOIRE AJOURNÉE

ET

L'Arrêt de l'Offensive d'Avril 1917

PAR

le Général CORDONNIER

Ancien Commandant de l'Armée Française d'Orient

RÉPONSE

A

M. PAUL PAINLEVÉ

Huitième année, — Numéro Spécial. CE NUMERO : DEUX FRANCS Janvier 1920.

LA RENAISSANCE

Politique, Littéraire, Economique

Directeur : HENRY LAPAUZE.

AVANT-PROPOS

Trois hommes : Joffre, Foch, Nivelle ont assumé les responsabilités du Commandement Suprême, aux heures où se jouaient les destinées du Monde. Ces trois hommes ont connu plus que l'ingratitude.

Foch *a vécu de longs mois à l'ombre, confiné dans d'obscures besognes pour laisser passer les durs moments de la Terreur parlementaire. Il a été rendu à la gloire par Clemenceau ; son épée a guidé la Grande Chevauchée de la Victoire jusqu'au Rhin. M. Painlevé qui, comme ministre des Inventions, cherchait au front un successeur à Joffre qui ne fût ni Castelnau, ni Foch se donne aujourd'hui pour son sauveur et combien de ceux qui, alors, le poignardaient dans le dos, font de même ? Foch est bien vengé.*

Joffre *n'a pas été aussi heureux. Il n'a pas eu la possibilité de mettre à nouveau son génie militaire au service de la Patrie qu'il avait sauvée et qui ne se survit que grâce à lui. Mais il a repris, en France, la place d'honneur depuis que d'Amérique, cette Terre promise de la Justice et du Droit, se sont élevées des clameurs qu'il a fallu entendre.*

Nivelle *attend encore l'heure de la justice. Ses ennemis n'ont pas désarmé ; ils n'ont pas un instant interrompu leur œuvre de haine.*

Après avoir constitué un Tribunal pour juger Nivelle ils ont méconnu le jugement parce qu'il ne condamnait pas.

Clemenceau, le seul homme juste qui semble nous être resté, n'a pu renvoyer Nivelle à ses soldats ; l'unique réparation qu'il ait eu la faculté de faire a été de donner au général-sacrifié un poste à Alger.

Mais d'Amérique encore des appels nous arrivent. En France, le lieutenant-colonel Rousset, M. Mermeix, le commandant de Civrieux réclament réparation entière.

Je me propose de joindre, ici, ma voix à celles qui déjà se sont fait entendre, reprenant au besoin les mêmes arguments :

Pour rappeler à la Picardie que si tout le territoire de Roye à Saint-Quentin a été, pendant un an, déblayé de Boches, c'est à Nivelle qu'on le doit ;

Pour dire aux Anglais que s'ils n'ont pas été coupés, en avril 1918, de leur base de Rouen, c'est parce que Nivelle, de concert avec le maréchal Douglas Haig, ont, en mars 1917, obligé les Allemands à battre en retraite sur la ligne Hindenburg ;

Pour remémorer dans l'esprit des Parisiens les journées pendant lesquelles ils ont respiré plus librement. « Les Allemands sont à Noyon », disait-on avant que Nivelle prit le commandement, trois mois après, ils étaient à La Fère ;

Pour empêcher que la France ignore que si les Allemands, en mai 1918, ont pu dépasser Château-Thierry, alors qu'il leur a fallu comme entrée de jeu forcer le Chemin des Dames, ils seraient allés à la Victoire peut-être si le point de départ avait été l'Aisne ;

Pour crier au Monde entier que malgré 1.200.000 Américains présents sur le territoire français l'Allemagne aurait triomphé si l'Entente n'avait pu lui opposer une chose plus formidable que l'artillerie lourde, que les millions d'obus, que le nombre de poitrines : l'Unité dans le commandement. Cette unité Nivelle l'avait faite, elle a disparu avec lui.

Quand Nivelle est tombé, l'Allemagne a pu se ressaisir et frapper tous les Alliés à tour de rôle. Elle était trop terrible l'épée de Nivelle pour qu'on la laissât suspendue sur la tête des Allemands. M. Painlevé a obligé cette épée à rentrer au fourreau et a enlevé à Nivelle le droit de verser son sang pour la Patrie.

Il y a des comptes à rendre et une injustice à réparer.

GÉNÉRAL CORDONNIER.

Ancien Commandant de l'Armée française d'Orient.

LA VICTOIRE AJOURNÉE

I. — GOUVERNEMENT-COMMANDEMENT

Devoirs et Droits réciproques du Gouvernement et du Commandement.

« La guerre est la continuation de la politique » ; c'est un acte de la politique accompli par des moyens spéciaux.

Il est donc naturel que le gouvernement conserve une haute autorité dans la conduite de la guerre. C'est le gouvernement qui déclare la guerre ou qui préfère la subir plutôt que de se soumettre aux exigences de l'adversaire ; c'est lui qui prononce en faveur de la continuation de la guerre ou de la signature de la paix. C'est le gouvernement qui décide de la quantité de moyens qui seront mis à la disposition du commandement.

C'est le gouvernement enfin qui choisit le chef qui commandera ses armées et fixe à celui-ci le but à atteindre.

Le Commandement a le devoir de marcher au but assigné, même si les moyens mis à sa disposition lui semblent notoirement insuffisants. Gambetta peut, en 1870, vouloir continuer la guerre alors que les armées manquent ; le roi Pierre peut, en 1914, préférer voir la Serbie s'ensevelir sous ses ruines plutôt que d'accepter les fers que l'Autriche a forgés pour elle ; il serait contraire à l'honneur militaire et au loyalisme national de refuser le Commandement parce que la victoire paraîtra ne pas pouvoir couronner les efforts.

Quand il a endossé les responsabilités que lui donne le gouvernement, le Commandement a droit à certaines libertés : liberté dans la conduite des opérations, liberté dans le choix et l'emploi des moyens, liberté de dépenser les forces qui lui sont données jusqu'au dernier homme si cela lui semble nécessaire pour assurer la victoire.

Si Napoléon avait fait donner la garde à la Moskowa, il eût probablement dicté la paix à Moscou. C'est parce que le 14 juin 1800, il a lancé jusqu'à son dernier bataillon dans la mêlée qu'il a vaincu à Marengo. Un gouvernement qui intervient au milieu de la bataille en disant : « Assez de sang versé » outrepasse ses droits et va à l'encontre des intérêts du pays.

On conçoit très bien que le gouvernement hésite à déléguer de tels pouvoirs à un homme qui, souvent, n'a pas encore eu l'occasion de faire ses preuves ou, tout au moins, qui ne les a pas faites dans le commandement en chef. C'est à cause de cela que le Conseil aulique de Vienne ne laissait pas les généraux autrichiens exécuter une seule manœuvre dont il n'avait pas délibéré ; il a causé la défaite de toutes ses armées.

C'est à cause de cela que Napoléon III accablait le maréchal Pélissier de lettres et de télégrammes que celui-ci reçut d'ailleurs de telle façon que l'empereur dut modifier cette manière de faire.

Le Gouvernement doit prendre ses responsabilités ; choisir le Chef, lui accorder sa confiance et le soutenir au milieu des terribles épreuves que la guerre impose à celui qui mène les armées.

Il y a là un ensemble de principes qui sont le fruit des expériences d'un long passé ; ils s'appliquent à toutes les guerres. Lorsque le recul des temps fait défaut, on est exposé à obéir à des sentiments personnels ou à être influencé par la couleur rouge, bleue ou blanche des verres des lunettes avec lesquelles on examine les faits. Aujourd'hui, pour faire l'histoire de la Grande Guerre ou d'un épisode de cette grande guerre, il faut s'accrocher à ces principes et juger d'après eux.

Le Gouvernement Viviani-Millerand aide le Commandement pendant les dures épreuves de 1914 et de 1915.

Le Gouvernement Viviani-Millerand a su résister aux émotions fortes que causait l'abandon de toute la région du Nord-Est de la France ; il a maintenu sa confiance dans le général en chef à une heure où des âmes moins bien trempées auraient cherché un Messie botté qui aurait promis la victoire à meilleur marché.

La victoire de la Marne a été la conséquence de leur fermeté d'âme. Joffre, après Charleroi, alors que la fortune lui semblait si contraire, aurait succombé, peut-être, sous le poids des responsabilités si, à cette heure, la confiance du Gouvernement lui avait fait défaut.

Quand l'année 1915 est survenue, des impatiences se sont manifestées ; on commençait à refuser le génie de la guerre à celui qui venait de gagner une victoire, sans précédent. C'est alors que circulèrent dans les couloirs de la Chambre des députés des Mémoires proposant un Messie botté, ami de M. Painlevé, pour commander nos armées : « Je (1) crois pouvoir dire », lisait-on dans l'un de ces Mémoires « que si, pour quinze jours, le général Joffre était indisponible et que l'on donnât le Commandement supérieur au général Sarrail, je ne mets pas en doute que les Allemands seraient chassés du territoire national. »

M. Millerand, avec une constance inlassable, au milieu de difficultés sans nombre, a maintenu sa confiance en Joffre et c'est pour réserver au Commandement les libertés qui étaient nécessaires à la bonne conduite de la guerre, qu'il a dû abandonner le pouvoir.

(1) *Joffre : Première crise du commandement*, par M. Mermeix, p. 48 et 49.

M. Briand se donne comme objectif la création de l'Unité de Commandement.

Le Gouvernement de M. Briand survient. Qu'il l'ait choisi ou non, le général en chef engagera, par ses actes, la responsabilité du Président du Conseil. Aussi celui-ci est-il en droit de faire passer le Commandement en d'autres mains. Il ne pourra pas invoquer pour sa défense d'avoir dû plier devant les inconvénients d'opérer une mutation dans le Commandement en chef, au cas où une catastrophe surviendrait.

Du moment où il accepte Joffre, il en fait son homme et lie partie avec lui.

Dès le 30 octobre 1915, M. Briand entreprend l'œuvre qui marquera son ministère : Créer l'Unité de Commandement ; c'est-à-dire : un front unique sous un commandement unique.

A cette date, le concours anglais a pris une part considérable sur les champs de bataille, l'Italie intervient avec énergie, la Russie lutte de façon grandiose, les Serbes ont besoin d'aide, mais combattent en héros ; chacun fait de son mieux, mais n'agit qu'à son heure et à sa fantaisie.

Il faut que les Alliés se donnent la main, il faut que tous se règlent sur une même volonté.

Déjà par les Dardanelles, les Anglais se sont efforcés d'organiser une voie de communication avec la Russie ; il y a eu échec dans l'opération, mais le besoin subsiste. Ce qui n'a pas été fait par les Détroits sera tenté par les Balkans.

Quant au Commandement unique, un seul homme est assez qualifié alors pour l'assumer : c'est Joffre.

Ce Gouvernement qui durera du 30 octobre 1915 au 17 mars 1917 s'emploiera donc à maintenir à la tête des armées françaises Joffre, et quand ses mains seront devenues trop paralysées, en décembre 1916, pour maintenir à son poste le Vainqueur de la Marne, ce sera un homme investi de la confiance de Joffre, proposé parJoffre, qui lui succèdera : Nivelle.

Le 15 mars 1917, les dernières difficultés qui s'opposaient à l'Unité de Commandement ont disparu ; l'armée anglaise se lie complètement à la nôtre ; l'Italie a accepté le plan tel qu'il est sorti de Chantilly, l'armée serbe a repris pied sur le sol de sa patrie.

M. Briand est mis en échec au moment même où il réalise l'Unité de Commandement.

Aux dernières heures de son agonie, M. Briand peut contempler son œuvre avec fierté et s'étonner de trouver la Roche tarpéienne à l'heure où il méritait le Capitole.

Quand on compare la situation du 1er janvier 1915 à celle du 17 mars 1917, on est amené à reconnaître que les Gouvernements ont fait œuvre féconde.

Cependant, le Parlement mettait en échec le Gouvernement, et demandait la disparition des grands chefs que l'armée avait à sa tête.

Alors qu'il y aurait eu profit pour tous à ce que Parlement, Gouvernement, Commandement fissent bloc, on ne voyait que protestations, divisions, conflits.

Il y avait à cela de bonnes raisons, mais aussi combien de mauvaises :

Contre toutes prévisions, la guerre durait et à cause de cela des mesures qui auraient semblé monstrueuses en temps de paix devenaient nécessaires maintenant : L'impôt du sang ne serait plus égal pour tous. Les ouvriers, qui avaient été indispensables à nos batteries et qui avaient si heureusement contribué à nos premières victoires par la façon dont ils avaient servi le 75, trouvaient leur place marquée dans les usines ; les terrassiers du sous-sol qui avaient été les éducateurs de nos soldats dans la guerre de tranchées étaient maintenant nécessaires dans nos mines. Sous le couvert de ces braves gens s'évadait du front cette tourbe d'individus qu'on a giflés en les qualifiant d'embusqués et qui bêlaient la paix de peur d'être repris.

Il y avait des inégalités que justifiait le but à atteindre, mais aussi des passe-droits. Il se formait donc un milieu favorable pour les agitateurs de mauvais aloi et de ces agitateurs il en existait au Parlement quelques-uns ; ils n'étaient pas tous au *Bonnet Rouge*.

D'autre part, il en est du moral comme du physique ; tous les hommes ne sont pas capables de faire de longues étapes.

Au Parlement, on vit, à côté de ceux qui n'ont même pas voulu se mettre en marche, ceux qui furent bientôt las et aussi ceux qu'une grande distance encore à franchir effrayait plus qu'une paix boiteuse.

Quand survint le mois de mars 1917, ces fatigués étaient sur les boulets, n'osant exiger la paix à tout prix, ils acclamaient l'inaction.

Le ministère du 19 mars eut leurs voix.

Les Gouvernements faibles ne veulent pas de généraux qui réclament l'effort ; s'ils n'ont pas l'énergie de défendre l'emploi de la force, ils la paralysent. C'est ainsi que la guerre prend la forme de la politique, elle se calque sur elle.

M. Painlevé peut disposer de Foch ; à quoi l'emploie-t-il? Il lui met un porte-plume à la main.

Clemenceau a ce même Foch, il lui donne une épée et l'envoie vaincre.

II. — OBJECTIF. MOYENS

Le Parlement réclame du Commandement l'initiative d'une bataille décisive.

Au mois d'octobre 1916, dans un rapport lu à la Commission de l'armée de la Chambre des députés, M. Viollette s'exprimait ainsi

« Si nous sommes prudents, *c'est dès le mois de février que nous reprendrons les opérations actives.*

« J'ai la conviction que l'*initiative de la grande bataille est une question de vie ou de mort pour la France.* »

La Commission de l'Armée décida de transmettre au ministère le rapport avec les observations de M. Viollette qu'elle approuva à l'unanimité.

L'avis de la Commission de l'armée de la Chambre était celui de tout le Parlement, c'était également l'opinion du Gouvernement.

Le but que fixa le Gouvernement au Commandement était de chercher à finir la guerre, en 1917, et de prendre l'initiative d'une grande bataille.

Le général Joffre, commandant des armées françaises, rédige le 12 novembre 1916 un mémorandum qui expose la situation d'ensemble. Les 15 et 16 novembre, à Chantilly, les généraux en chef des armées alliées ou leurs représentants tiennent conférence, ils exposent leurs idées et se rallient à une convention que tous signent.

Le procès-verbal est le suivant :

Décisions prises par les généraux en chef des armées alliées ou leurs représentants accrédités, à l'issue de la Conférence tenue à Chantilly les 15 et 16 novembre 1916.

Les conférents donnent leur approbation au plan d'action de la coalition tel qu'il a été défini dans le mémorandum qui leur a été soumis, plan ayant pour but de donner aux campagnes de 1917 un caractère décisif.

Ils prennent, en conséquence, les résolutions suivantes:

I. — SUR LE FRONT OCCIDENTAL

a) Pendant l'hiver 1916-1917, les opérations offensives actuellement engagées seront poursuivies dans toute la mesure compatible avec les conditions climatériques de chaque front.

b) Pour être autant que possible en mesure de faire face à toute situation nouvelle, et *notamment pour interdire à l'ennemi toute reprise de l'initiative des opérations, les armées de la Coalition seront prêtes à entreprendre des offensives d'ensemble dès la première quinzaine de février 1917 avec tous les moyens dont elles disposeront.*

c) A partir de l'époque où les armées seront prêtes à attaquer, les commandants en chef régleront leur conduite respective d'après la situation du moment.

d) Si les circonstances ne s'y opposent pas, les offensives d'ensemble, comportant le maximum de moyens que chaque armée pourra mettre en œuvre, seront déclenchées sur tous les fronts aussitôt qu'elles pourront être concordantes (1) aux dates qui seront fixées d'un commun accord entre les commandants en chef.

e) En vue de réaliser tous accords nécessaires dans ces diverses hypothèses, les commandants en chef ne cesseront pas de conserver entre eux un contact étroit.

II. — SUR LE FRONT BALKANIQUE

a) La coalition recherchera la mise hors de cause de la Bulgarie, le plus tôt possible. La volonté du Haut-Commandement russe est de poursuivre et d'intensifier dans ce but les opérations entamées.

b) Contre la Bulgarie, les forces russo-roumaines agiront par le nord et l'armée alliée de Salonique par le sud, les actions de ces deux groupements de forces étant étroitement combinées, de manière à obtenir la décision sur l'un ou l'autre des fronts d'action, suivant le développement des opérations.

c) L'armée alliée d'Orient sera portée aussitôt que possible à l'effectif de 23 divisions : cet effectif correspond d'une part à l'importance des troupes qu'il est possible de faire manœuvrer et d'alimenter sur le théâtre des opérations considéré ; d'autre part, aux prélèvements que peuvent supporter les théâtres d'opérations occidentaux. Dans le but d'atteindre cet effectif, le Gouvernement britannique portera sans délai ses forces à 7 divisions, le Gouvernement français à 6 divisions ; le Gouvernement italien, informé des intentions nettement affirmées par le Haut-Commandement russe, sera sollicité de porter à 3 divisions le contingent des forces italiennes de Salonique.

d) L'armée alliée d'Orient sera attentivement entretenue au complet de ses effectifs.

(1) Il est admis que la concordance sera réalisée, s'il ne s'écoule pas un délai supérieur à trois semaines entre les dates initiales des offensives déclenchées sur les divers fronts.

III. — THÉATRE DES OPÉRATIONS SECONDAIRES

Sur tous les fronts secondaires, des actions visant à l'immobilisation des forces ennemies, seront poursuivies avec des moyens aussi réduits que possible, pour réserver le maximum des forces aux théâtres principaux

IV. — APPUI MUTUEL

a) Les conférents renouvellent l'engagement d'appui mutuel pris à la conférence du 5 décembre 1915 et pleinement tenu par tous au cours de la présente année, à savoir :

Si l'une des puissances est attaquée, les autres lui viendront immédiatement en aide dans toute la mesure de leurs moyens, soit indirectement par des attaques que les armées non assaillies par l'ennemi déclencheront sur les zones préparées, soit directement, par l'envoi de forces entre théâtres d'opérations reliés par des communications faciles.

b) Pour répondre à cette dernière éventualité, des études de transport et d'emploi des forces combinées seront entreprises entre les états-majors franco-anglais et italien.

V. — ENTRETIEN DES EFFECTIFS DE L'ARMÉE SERBE

« Les effectifs de l'armée serbe seront entretenus par enrôlements volontaires de prisonniers de race serbe aux mains de l'Italie et de la Russie, dans toute la mesure et avec toutes les précautions déterminées par ces deux puissances.

Ont signé les représentants des commandants en chef des armées alliées présents à la Conférence et désignés ci-après :

Wielemans, Robertson, Douglas Haig, Porro, Rudéanu, Palitzine, Rachicht, Joffre.

Les décisions prises à Chantilly répondaient parfaitement aux desiderata exprimés dans le rapport de la Commission de l'Armée.

Les offensives d'ensemble devraient pouvoir être entreprises dès la première quinzaine de février 1917 avec tous les moyens dont les armées disposeront.

Dans le mémorandum du 12 novembre le général Joffre avait dit :

« Si elle (l'intervention roumaine) se fût manifestée un mois ou six semaines plus tôt, les armées de notre nouvelle alliée auraient trouvé des forces autrichiennes en pleine dislocation, livrées à elles-mêmes, démoralisées par de récentes et sanglantes défaites et sans doute hors d'état d'opposer une résistance sérieuse à des troupes fraîches opérant sur leurs lignes de communications et menaçant la plaine de Hongrie. »

Ce jugement porté par le Vainqueur de la Marne ne pouvait manquer d'impressionner les généraux en chef alliés et leur faire comprendre que tout amour-propre national exagéré a pour conséquence l'isolement de chacun et la destruction au gré de l'Allemagne de celui des belligérants le plus à sa portée.

C'était un plaidoyer, avec malheureusement un cadavre à l'appui, en faveur de l'Unité d'action sur l'Unité de front.

Il y avait accord entre M. Briand et Joffre et la Conférence de Chantilly marquait un grand pas vers l'Union de toutes les armées dans une grande bataille qui viserait à la destruction des forces allemandes.

L'heure de l'offensive était venue, elle était dans l'esprit des Gouvernements et des Chefs d'armée; elle devait sonner cette heure le plus tôt possible ; non seulement parce que déjà certains peuples, comme celui de Russie, faisaient voir une grande lassitude, mais surtout parce que l'Entente possédait sur ses adversaires une grande supériorité de moyens de guerre.

Supériorité des Alliés sur les Allemands.

La supériorité numérique de la coalition « est exprimée par les rapports suivants », disait le mémorandum:

« Sur le front franco-anglo-belge : 168 contre 100 ;

« Sur le front russo-roumain : 156 contre 100 ;

« Sur le front macédonien : 113 contre 100 ;

« Sur le front italien : 200 contre 100 et seulement de 170 contre 100 si l'on ne tient compte que des bataillons actifs italiens. »

« La plus grande partie des forces allemandes se trouve sur le front occidental (1) (129 divisions sur un total de 204). »

Ces proportions étaient basées sur les effectifs et non sur le nombre des divisions, car les divisions de l'Allemagne et des Puissances de l'Entente n'étaient pas comparables.

D'autre part, la valeur des combattants n'était pas partout la même, c'est ainsi que la supériorité sur le front macédonien où les forces de l'Entente étaient composées de Serbes, d'Anglais, de Français et d'Italiens étaient très supérieures aux forces de l'ennemi qui n'avait que des Bulgares faiblement soutenus par les Allemands.

Voilà pour les hommes. Quant au matériel, à la fin de 1916, il était considéré comme à peu près inépuisable tant le stock existant était considérable et la puissance de fabrication grande.

La rupture au front.

Avec des moyens puissants, le général doit viser à de grandes choses, aussi le 27 novembre Joffre établissait-il un plan d'opérations qui donnait comme objectif aux armées alliées la destruction des forces allemandes. Il était ainsi conçu :

« J'ai décidé de poursuivre la recherche de la rupture du dispositif ennemi par une offensive d'ensemble exécutée entre la Somme et l'Oise, dans le même temps que les armées britanniques exécuteront une opération semblable entre Bapaume et Vimy. Cette offensive sera tenue prête pour le 1er février 1917 ; la date exacte en sera fixée d'après la situation militaire générale des Alliés. »

« Le G. A. C. (Groupe d'armées du Centre) participera à l'offensive projetée par une opération exécutée sur le front de la Ve armée. Cette opération aura pour but, soit de coopérer à l'exploitation d'un succès complet des armées du G. A. N. (Groupe d'armées du Nord), soit de chercher elle-même la rupture du dispositif ennemi dans le cas où ces mêmes armées, après des succès marqués se trouveraient immobilisées ou ralenties par l'ennemi..... »

Le maréchal Joffre ne peut servir de couverture au général Nivelle. « Chacun a sa manière de faire la guerre. » (Lettre de Bonaparte du 25 floréal, an IV); mais il importe de constater que rompre le front allemand, même par une première attaque faite par les Anglais et le G. A. N. avait paru chose possible au vainqueur de la Marne.

Un échec dans cette première tentative ne l'aurait pas fait renoncer à continuer les opérations. Au contraire, une attaque nouvelle aurait été menée par le G. A. C., sur le front de la Ve armée, au moment où l'autre aurait dû s'éteindre.

La bataille de Vimy-Bapaume et d'Entre-Somme et Oise aurait visé à la décision ; elle aurait été fatalement sanglante et cependant peut-être sans résultat autre que l'usure de l'ennemi. Alors serait survenue une autre bataille également très sanglante qui aurait peut-être fini d'user les réserves allemandes avant de rompre le front ennemi.

Qu'auraient dit les hommes qui ont constitué la majorité de M. Painlevé quand, après avoir vu le champ de bataille du Nord et multiplié dans leur imagination le nombre des morts et des blessés, ils auraient entendu parler d'une seconde bataille aussi coûteuse?

La grande bataille économise le sang. Les guérillas sont les actions les plus coûteuses.

Cependant les grandes batailles où se décide le sort des nations sont la forme économique de la guerre. Les luttes les plus sanglantes sont les guérillas. Qu'est donc Austerlitz en comparaison des guerres d'Espagne?

Les guérillas sont les luttes que nous avions trop connues ; des combats pour la possession d'un coin de terrain intenable ; quelque chose comme les hécatombes de l'Hartmannweillerskopf ou du bois Le Prêtre ou du bois d'Ailly, ou de Tahure... Cette forme de la guerre avait eu pour excuse notre impuissance à faire grand et le besoin de ne pas laisser perdre à la troupe cet esprit offensif sans lequel la défaite est fatale.

Au mois de décembre 1916, personne n'en voulait plus. Joffre rejetait plus que tout autre cette forme de guerre; il voulait en finir et sa volonté avait à son service d'innombrables bataillons qui lui donnaient sur l'ennemi une supériorité de 3 contre 2.

Cependant, quel que fût son dédain pour la guerre de détail, le général Joffre l'avait préférée à la défensive. Il savait ce que la défensive avait fait en Mandchourie de l'armée russe en quelques mois. Au mois de mai 1904, un général russe, Zassoulitch, plein de dédain pour son adversaire, avait refusé de se replier avec son détachement d'armée comme la manœuvre le comportait: « Un chevalier de Saint-Georges ne recule pas », avait-il dit. Au mois d'août 1905, une armée russe, presque double comme effectifs de celle de l'adversaire, n'a pas osé marcher à l'ennemi; le Gouvernement russe a dû s'avouer vaincu et signer la paix.

Joffre n'avait donc admis, momentanément, la défen-

(1) Ces chiffres sont ceux de novembre 1916, ils ne seront plus vrais en avril 1917.

sive que contraint, soit par l'ennemi, soit faute de projectiles.

Si le Gouvernement avait voulu, en décembre 1916, lui imposer la défensive, Joffre serait parti, même sans réclamer le bâton.

Mais, heureusement pour la France et pour les Alliés, le Parlement et le Gouvernement voulaient la grande bataille.

III. — LA SUCCESSION DE JOFFRE

Le Parlement exige plus d'énergie dans la conduite de la guerre.

A la suite d'un Comité secret, la Chambre des députés se trouva en présence, le 7 décembre 1916, de deux ordres du jour, celui de M. Babaud-Lacroze, favorable au Ministère Briand et celui de M. André Tardieu qui lui était défavorable. Ces deux ordres du jour avaient cependant un point de ressemblance ; ils réclamaient une réforme dans la direction à imprimer à la guerre et le déploiement « d'une énergie redoublée », ou la réalisation « par une direction de la guerre qui réponde à l'effort de l'armée et du pays, des conditions de la victoire. »

En un mot, les deux ordres du jour réclamaient la recherche énergique de la victoire, l'un déclarait le Ministère Briand apte à y parvenir, l'autre l'en croyait incapable.

Du 19 au 23 décembre 1916, après que M. Briand eut remanié son ministère, le Sénat tint, lui aussi, un Comité secret. Là encore on réclama une direction de la guerre plus énergique ; les réformes apportées par le Président du Conseil n'apparurent pas à tous suffisamment profondes ; on voulait davantage.

L'heure d'attaquer et de mener une offensive vigoureuse apparaissait comme étant venue. Dans un « rapport sur l'offensive d'avril, fait au Sénat par M. Henry Bérenger », on lit, en effet : « La grande offensive britannique du printemps de 1917, telle que l'avaient conçue les généraux *et décidée les politiques, se proposait la défaite de l'armée allemande et la délivrance des territoires envahis sur le front occidental.* »

Le doute n'est pas permis.

Quand un nouveau Gouvernement mettra en discussion, à Compiègne, le plan offensif de Nivelle pour y substituer la défensive, quand, le 7 juillet 1917, M. Painlevé se fera applaudir lorsqu'il déclarera publiquement que son plan d'opérations ne comportera que des affaires de détail, la girouette aura tourné de bout en bout.

Joffre passait pour n'avoir pas l'activité voulue pour mener l'offensive assez vigoureusement.

M. Briand résolut de donner à un chef connu par son allant le commandement des armées françaises du front occidental, alors que Joffre serait le régulateur des opérations des nations de l'Entente.

Castelnau et Foch écartés par la politique.

Nivelle fut choisi.

Pourquoi pas Foch? Pourquoi pas Castelnau?

Le respect de la hiérarchie qui est une des formes de la discipline — cette force principale des armées — plaidait en faveur du général de Castelnau, le seul des commandants d'armée de la première heure qui nous restait alors. Le Parlement ne voulait pas du « Capucin botté ». Quand, au mois de janvier 1917, le général Lyautey tentera de l'appeler auprès de lui, il en sera violemment empêché. Castelnau accouru de Mirecourt à Paris, devra retourner de Paris à Mirecourt ; on l'enverra ensuite en Russie avec M. Doumergue respirer l'air du bolchevisme naissant.

Foch est un chef contre lequel règne au Parlement et dans le Gouvernement une opposition violente ; un décret lui enlève tout commandement. « En donnant avis à Foch de la décision prise de lui enlever le Groupe du Nord, » Joffre « lui avait dit, le 19 décembre : Vous êtes relevé... je suis relevé, car je ne me fais pas d'illusion... nous serons tous relevés les uns après les autres. » (1)

Le 19 décembre, Foch apprend qu'il est relevé de tout commandement. Il est irrité contre le chef qui ne s'est pas sacrifié pour lui ; il rage de voir que la guerre laborieuse qu'il a menée pendant tant de mois sur la Somme n'est pas appréciée comme elle mérite de l'être et qu'au contraire on lui en fait un crime.

Il connaît peu Nivelle qui a appartenu longtemps à l'armée Maunoury et qui, depuis plusieurs mois commande à Verdun ; c'est à lui qu'il va demander aide et protection. Foch est un homme à l'eau qui cherche une branche à laquelle s'accrocher ; il n'y a qu'une branche, pas deux, cette branche c'est Nivelle.

Or, qu'est Nivelle, le 19 décembre 1916, il est un peu le second de Joffre, auquel on n'a pas encore signifié d' « exeat ». Il n'est que le commandant de la IIe armée, hissé, de la veille, par la confiance du Gouvernement au poste de général en chef. Il n'a pas eu le temps, dans les quelques jours qu'il a passés à Chantilly, de montrer qu'on a eu raison d'avoir confiance en lui.

Au moment où Nivelle a besoin de s'affermir dans la confiance du Gouvernement et de témoigner gratitude et déférence à Joffre, Foch vient lui demander une intervention qui sera une leçon donnée à Joffre et une chose désagréable au Gouvernement.

Ceux qui ne connaissent pas le métier de soldat ne peuvent comprendre et la démarche et l'accueil qui lui fut fait. Le chef n'est pas seulement un homme qui donne des ordres, c'est aussi une providence. Il suffit pour transformer un soldat en providence de lui donner une lettre de Commandement. Nivelle a cette lettre de Commandement. Foch se présente à Nivelle. Il proteste contre le décret qui le frappe ; il n'a commis aucune faute militaire et il n'est pas malade.

Nivelle sait quel homme vient lui demander de l'aide ; il l'aidera. Sa popularité en souffrira certainement, mais la voix du devoir est la seule qui puisse guider ses actes ; il est un homme de cœur, il est un homme capable de tous les courages.

Il y a au Comité de guerre une autre grande figure, une belle âme de soldat : l'amiral Lacaze, qui fait l'intérim du Ministère de la Guerre en attendant le général Lyautey qui ne se hâte pas de venir. Nivelle va à l'amiral Lacaze et lui demande de faire rapporter le décret qui frappe Foch ; la chose est impossible, on ne rapporte pas un décret rendu en Conseil des Ministres ; il faudra biaiser.

Combien auraient fait un geste d'impuissance et s'en seraient tirés avec un : « Pauvre ami, vous avez, au moins, votre conscience pour vous? »

(1) *Joffre*, par M. Mermeix.

Nivelle fera, en sourdine, ce qu'il ne peut accomplir autrement ; il prendra Foch avec lui, mais il le cachera.

Il le met à Senlis avec quelques officiers, des porte-plume et du papier à noircir.

Lorsque de Castelnau ira en Russie, Nivelle sortira Foch de sa cave et le nommera commandant par intérim du G. A. E. Cela lui vaudra d'être rabroué par le Conseil des Ministres, qui se réunit spécialement pour cela. Foch remis à l'ombre fera encore travailler des porte-plume vers la frontière suisse : « Une besogne de général de brigade. » Le temps aura passé, les haines seront à demi-satisfaites, quand Foch sera admis par M. Painlevé comme gratte-papier, hors de la zone des armées, aux Invalides. Il faudra Clemenceau pour lui rendre cette épée avec laquelle il mènera la chevauchée vers le Rhin.

Puisqu'au 12 décembre 1916, les deux grands chefs que la hiérarchie désigne pour commander le front français d'Occident sont écartés, cette hiérarchie ne peut être invoquée en faveur de Pétain.

On choisit le chef d'après le but recherché.

Pétain n'a de supériorité sur Nivelle que d'avoir été le premier à s'illustrer à Verdun, car les services de guerre antérieurs à ceux de Verdun sont aussi beaux chez chacun de ces grands chefs. Avoir eu le premier son heure de célébrité est plutôt une tare dans notre République si oublieuse du passé où les hommes célèbres s'usent vite.

Il y a cependant une raison logique, naturelle, pour faire préférer Nivelle à Pétain. Celui-ci a pratiqué la défensive à Verdun, celui-là l'offensive.

Pétain passe pour l'homme de la défensive, c'est le titre qui lui attirera la faveur de M. Painlevé; Nivelle passe pour l'homme de l'offensive et c'est un plan d'offensive que veut voir exécuter le Parlement.

Pétain n'est pas un chef qui exclut l'offensive de la conduite de la guerre ; l'affirmer serait faire de lui le plus médiocre de nos généraux ; ce serait méconnaître l'enseignement qu'il a donné à l'Ecole supérieure de guerre pendant tant d'années ; mais il ne juge pas que l'heure d'attaquer est venue alors que Nivelle demande à partir et que Mangin serait déjà lancé. « Chacun a sa manière de faire la guerre. »

En décembre 1916, Pétain passait pour préconiser l'attente, alors que les pouvoirs auxquels la direction de la guerre incombait réclamaient, peut-être sans trop savoir ce à quoi ils s'engageaient, la grande bataille qui chasserait l'ennemi de France.

Nivelle était convaincu que l'heure de la victoire allait sonner et que l'attendre plus longtemps ne pouvait que la rendre plus coûteuse. Il se sentait capable de réaliser ce que Gouvernement, Parlement, Alliés ordonnaient.

Les services de guerre de Nivelle.

Nivelle était colonel du 5e d'artillerie, à Besançon, au début de la guerre. Sorti de l'Ecole polytechnique, il avait assez de science pour mener une guerre où la science jouait un certain rôle, pas assez pour en être ankylosé.

Successivement, à des intervalles bien espacés, il a commandé une brigade, une division, un corps d'armée, une armée.

Il n'est pas soutenu par un parti politique, comme le chef qui commande en Orient et que M. Painlevé appelle « le seul général républicain de l'armée », il ne connaît personne dans le monde politique qui puisse le mettre en vedette et encore moins intriguer pour lui.

En deux ans et quatre mois, il franchit les échelons supérieurs de la hiérarchie militaire, en allant de victoire en victoire ; sur ces vingt-huit mois, il en passe huit dans l'enfer de Verdun, à la tête de la IIe armée, où il lui est arrivé de commander à la fois trente divisions. Toute l'armée, par « le jeu de la Noria » est passée sous ses ordres et a vaincu sous son commandement. Il est admiré de toute l'armée. C'est son nom, en décembre 1916, que les Alliés associent à la gloire qui auréole la France.

L'opinion se rendait difficilement compte des raisons qui faisaient que la guerre ne prenait pas la fin victorieuse que méritaient les sacrifices consentis avec tant de libéralité. Elle en accusait la routine des chefs, l'état-major; il fallait un homme nouveau venant avec des idées neuves.

Nivelle était l'homme de la troupe, l'homme du terrain de combat. Il connaissait les secrets du champ de bataille, et on lui en supposait beaucoup de secrets à ce champ de bataille.

Nivelle est né à Tulle, le 15 octobre 1858 ; il est grand. ses larges épaules lui donnent un aspect puissant ; l'œil est profond et méditatif ; la bouche est celle de quelqu'un qui sait vouloir. L'aspect est simple, aucune raideur dans l'attitude ; quand ce chef donne un ordre, on a l'impression que c'est le devoir qui parle.

On comprend parfaitement que servir sous un tel homme, ne blesse l'amour-propre de personne et que Foch, comme Castelnau, comme Pétain consentent sans difficulté à en être le subordonné.

Il sort de l'Ecole Polytechnique et Saint-Cyr ne lui déplaisait pas, puisqu'il fut candidat aux deux écoles, en même temps. A Polytechnique on est plus savant, plus disposé vers les abstractions et les machines ; à Saint-Cyr on a plus d'imagination, on est plus porté vers la psychologie, vers l'homme. Nivelle candidat aux deux écoles a les qualités des uns et des autres.

Nivelle, artilleur, pensera toujours au fantassin et le canon qu'il manie si bien sera au service de l'infanterie. Il passe par Saumur, par l'Ecole de guerre, par l'état-major de l'armée ; il fait la campagne de Chine et va en Corée.

Cependant, il n'est encore que colonel quand survient la guerre et il a 56 ans. Comme à Pétain, le champ de bataille lui sera plus favorable que les tableaux d'avancement du temps de paix.

Le VIIe corps d'armée part de Belfort et s'avance sur Mulhouse, Nivelle commande le régiment d'artillerie du corps d'armée. Le 19 août, une masse importante d'artillerie allemande se présente à bonne portée. Nivelle la prend sous son feu, à sa manière, carrément et par surprise. L'artillerie ennemie est, selon l'expression de son compte rendu, « figée sur place », l'ennemi perd 18 canons qu'on ramène, en trophée, à Belfort.

Le VIIe corps est transporté par voie ferrée, en Picardie, il fait partie de l'armée Maunoury. La bataille est engagée le 29 août à Proyart (région de Villers-Bretonneux) ; le commandant du corps d'armée reçoit l'ordre de rompre un combat qui bat son plein. Nivelle intervient avec ses canons, il se lie au 35e d'infanterie et, par échelons, à son gré, on décolle. Le général Vautier va féliciter le colonel et les canonniers de leur manœuvre.

Le 7 septembre 1914, c'est sur l'Ourcq que se bat le VIIe corps. Il a deux divisions : la 14e active et une division de réserve. Le corps d'armée pousse vigoureusement au-delà de Bouillancy, il enlève deux drapeaux à l'ennemi; mais von Klück a compris la gravité de la situation, il réagit avec énergie. La 14e D. I. ne se laisse pas émouvoir, mais la division de réserve n'est pas encore assez aguerrie pour supporter un combat de cette violence, elle recule. Les unités s'en vont, non pas parce qu'elles sont sous les baïonnettes ennemies, c'est le feu de l'ennemi qui les intimide. Alors où le fantassin ne peut demeurer, il accourt avec ses canons, ses chevaux, ses canonniers ; il évolue, se met en batterie et ouvre un feu violent sur l'infanterie ennemie. Ce n'est pas de la tactique, ni un calcul d'artilleur a tant d'obus par cent mètres carrés, c'est de la psychologie. La lutte n'est pas engagée avec l'ennemi, mais avec la peur ; il manœuvre la peur et la fait fuir. Quand il arrive avec ses canons en pleine campagne, avec rien entre ses bouches à feu et l'ennemi, la peur change de camp; les nôtres reviennent, les Allemands reculent effrayés.

Malgré tous ces hauts faits, Nivelle est toujours colonel. La guerre de tranchées commence, il est à Vic-Amblemy. Il y a bataille tous les jours. Le 20, au plateau de Nouvron, l'infanterie française ne tient plus, l'ennemi prépare une grosse irruption dans nos lignes, il se tasse, se groupe et aussi.se montre ; alors Nivelle intervient avec son canon et écrase tout.

Le 27 octobre, Nivelle est fait général de brigade ; il est placé à la tête de la 27e brigade sans pour cela changer de champ de bataille.

En janvier 1915, survient l'échec de Crouy-Vailly. La 14e division doit s'avancer par Soissons et chercher à réparer le mal où tout au moins l'empêcher de s'étendre ; l'opération est conduite médiocrement par le général de division. Nivelle le remplace avec ordre de reprendre l'attaque, il le fait magnifiquement et le général Maunoury lui annonce qu'il demande pour lui le commandement définitif de la division Un autre est nommé.

Le 19 février 1915, Nivelle reçoit le commandement de la 61e division de réserve. Le 16 juin, il va attaquer Quennevières et il a l'intuition qu'il fera brèche dans le front ennemi; il demande à son commandant de corps d'armée d'amener à pied d'œuvre les troupes nécessaires pour exploiter le succès. « Percez d'abord », lui répond son chef quelque peu sceptique. Il perce, fait 800 prisonniers, enlève de nombreuses mitrailleuses, détruit une batterie de 77, franchit la première ligne, puis la seconde, et il n'y a rien derrière. Que des troupes fraîches arrivent pour élargir la brèche et pousser, alors nous aurons obtenu un grand succès. Les troupes fraîches ne sont pas là.

Une brigade d'infanterie est appelée, elle accourt, il est trop tard. C'est quand le fer est chaud qu'il faut le battre.

Justice est rendue à celui qui a si bien conduit le combat et en avait prévu les résultats; le 25 décembre 1915. Nivelle est promu général de division et placé à la tête du IIIe corps d'armée. Il a sous ses ordres, pour commander la 5e division, Mangin.

A Frise, en janvier 1916, la 5e division voit fléchir un régiment territorial qui lui a été prêté ; l'ennemi avance au Bois de la Vache d'un kilomètre. Le général qui commande l'Armée décide de renvoyer Mangin à l'arrière et le Commandant du groupe d'armées, a ratifié la décision. Nivelle intervient en faveur de son Brigadier et le sauve.

En Mars, Nivelle va avec son Corps d'armée à Verdun. On ne fait que s'y défendre, le moral de ceux qu'il relève est si bas que Nivelle craint la contagion; c'est le phychologue qui réapparaît. Il demande l'autorisation d'attaquer, et fait reculer, pour la première fois, à Verdun, depuis le 21 février, les soldats du Kronprinz ; dès lors le charme est rompu. En avril, Nivelle livre onze combats, tous heureux et parvient aux abords du fort de Douaumont.

Le 1er mai 1916, il est fait Commandant de la IIe Armée, le 20 mai, Douaumont est pris, une première fois et reperdu.

Tous les jours, il y a bataille jusqu'à la fin de juin. Les Allemands qui voient venir les combats de la Somme font des efforts désespérés pour en finir avec Verdun, le 25 juin, des détachements ennemis pénétrent dans le fort de Souville, l'ouvrage de Froideterre-Vaux nous est enlevé.

A Bar-le-Duc, de mauvais bruits commencent à circuler, on raconte que Nivelle songe à abandonner la rive droite de la Meuse.

Il n'en est rien, au contraire; la lutte pied à pied, de trous d'obus en trous d'obus se poursuit sans relâche ; une ligne de départ d'attaque se constitue près de Douaumont-Vaux et le 24 octobre 1916, la IIe Armée gagne 4 kilomètres en 4 heures et enlève 8.000 prisonniers. Douaumont est bien à nous, cette fois, Vaux tombera peu après.

Le 15 décembre, une nouvelle grande attaque est menée avec un plein succès. Ce jour-là, tout s'est déroulé comme un mouvement d'horlogerie, tous les calculs se sont vérifiés, les positions tombaient à l'heure dite. Nous atteignions la ligne Vacherauville-Lauvemont-Bezonvaux-Damploup ; 12.000 prisonniers tombaient entre nos mains.

Le Général Pétain, à Verdun, a endigué le flot allemand. Nivelle a obligé le flot à retourner vers sa source ; ses deux victoires du 24 octobre et du 15 décembre jettent sur lui un vif éclat.

Les services rendus étaient égaux, on ne peut donc pas dire que Nivelle en recevant le Commandement en chef l'emportait sur un camarade à qui ce Commandement en chef revenait de droit.

Nivelle Commandant en Chef.

Depuis le début de décembre, le Général Joffre multipliait ses visites au Commandant de la IIe Armée. Il lui parlait de la Conférence de Chantilly, de l'offensive projetée pour le printemps de 1917, pour laquelle il lui donnerait un Groupe d'armées à commander. Ensuite, il lui apprenait que des modifications importantes allaient se produire vraisemblablement ; lui, Joffre accepterait une situation d'ensemble qui rendrait Chantilly vacant, peut-être Nivelle serait-il désigné pour le remplacer à Chantilly : Le 11 décembre, Joffre vient à Souilly lui dire que le changement est décidé.

Le 12 décembre, au soir, par téléphone, le Président de la République, puis le Président du Conseil, lui apprennent que le Conseil des Ministres l'a désigné pour exercer le Commandement en Chef des Armées du Nord et du Nord-Est.

Joffre partait pour Neuilly, mais il conservait autorité sur les Armées françaises.

Le 13 décembre 1916, Nivelle va à Paris ; dans la nuit du 14 au 15 il rentre à Verdun pour diriger une grande opération qu'il a préparée dans ses détails. Le 15, il remporte une superbe victoire. Le 16, au matin, il est à Chantilly.

Telle est la vie de ce soldat. Elle est simple, droite et combien glorieuse.

Il semble qu'un tel homme devrait inspirer le respect à tous ; à moins d'être incapable d'en comprendre la grandeur on devrait hésiter à priver la France de celui qui a, par un si beau passé, donné des gages pour l'avenir.

Nivelle grandira encore, il remportera des avantages comme la France n'en a pas eu, entre le jour de la Marne et juillet 1918.

IV. — L'UNITÉ DE COMMANDEMENT CRÉÉE PAR LE PLAN NIVELLE

Le départ de Joffre compromet l'Unité de Commandement.

Le 26 Décembre 1916, le vainqueur de la Marne, fait Maréchal de France, abandonnait tout commandement.

A ce moment, le Ministère Briand venait de se reconstituer sur de nouvelles bases ; le Général Lyautey succédait au Général Roques ; un Comité de guerre allégé promettait de donner aux affaires une impulsion énergique.

Mais ce que la personnalité de Joffre n'avait pu imposer ne semblait pas pouvoir être établi par le Commandant de la IIe Armée, fraîchement installée à Chantilly. En écartant Foch et de Castelnau, pour des raisons d'ordre de politique de couloirs, on semblait avoir brisé tout espoir de réaliser l'Unité de Commandement.

Le Général Lyautey jouissait d'un grand prestige, mais il n'avait pas paru sur nos champs de bataille ; d'autre part un Ministre français ne pouvait commander aux troupes Alliées.

Le Général Cadorna tenait à son indépendance ; il aurait plié difficilement devant Joffre, ou Castelnau ou Foch mais certainement pas devant Pétain, Nivelle ou tout autre.

Le Commandant en Chef des Armées Britanniques, qui allait bientôt être fait Field Marshal, agissant sur le même théâtre de guerre que le Général en Chef français, était exposé à une emprise plus directe encore de ce Général français. Se conformer aux instructions du vainqueur de La Marne, pouvait passer; à celles de Castelnau qui avait commandé une Armée en Lorraine quand Douglas Haig n'avait encore qu'un Corps d'Armée était chose qui aurait pu se faire ; à celles de Foch avec lequel Anglais et Français venaient de travailler de concert sur la Somme pouvait paraître admissible. Mais en dehors de ceux-là toute subordination, même colorée sous d'autres appellations, n'était pas à considérer comme acceptable.

Il n'y a pas à s'y tromper, le renvoi de Joffre, l'exclusion de Castelnau et de Foch apparaissaient sous un mauvais jour, à tous nos Alliés, à quelque nation qu'ils appartinssent et aux Généraux Alliés en particulier.

Nous venions de commettre une faute qui semblait irréparable.

Quand M. Painlevé aura de nouveau brisé les liens qui firent, en mars 1917, de toutes les armées une seule armée, ce n'est pas avec Pétain que Clemenceau pourra les renouer. Malgré la gravité de l'heure, les Alliés ne consentiront à se ranger sous la bannière d'un chef français que si ce chef est alors un de nos trois plus grands noms : Joffre, Castelnau ou Foch.

Une faute politique capitale avait été commise, en France, en décembre 1916, Nivelle par son Plan d'opérations l'a réparée.

Le 15 mars 1917, un document sera établi qui définira dans ses détails, la forme de cette Unité de Commandement. Ce qu'une fois on a fait, est moins difficile à refaire, de sorte que l'œuvre de Nivelle se retrouve quelque peu dans l'œuvre de mars 1918 qui créera à nouveau l'Unité de Commandement.

Plan d'opérations du 26 janvier 1917.

Le Plan d'opérations de Nivelle, tel qu'il fut conçu à Chantilly, mérite donc d'être étudié avec un soin particulier, bien que ce ne soit pas d'après ce Plan que fut exécutée l'Offensive d'avril.

Il y a, en effet, deux phases à séparer nettement l'une de l'autre dans la période de commandement de Nivelle.

La première se passe sous le Gouvernement de M. Briand et donne des résultats considérables, la seconde a lieu quand M. Painlevé touche à tout, elle ne rend pas ce qu'on en espérait, elle est brisée après les sacrifices et avant les profits.

Appelé aux fonctions de Commnadant en Chef des Armées françaises du Nord et du Nord-Est, par Décret du 12 décembre 1916, le Général Nivelle arrive à Chantilly le 16, portant dans ses bras les lauriers coupés de la veille à Verdun.

Le jour même de son arrivée, il prend une connaissance approfondie des Décisions de la Conférence du 15 novembre et du Plan d'opérations de Joffre du 27 novembre. Il étudie les fronts, leurs densités relatives, les ressources d'Italie et d'Angleterre et tire de cette étude les déductions suivantes :

La France occupe un front considérable ; à cause de cela elle n'a pas de disponibilités suffisantes pour donner à ses manœuvres des effets décisifs.

Il faudra faire prendre par les Anglais une partie du secteur français. Nivelle estime que tout le front qui s'étend de Bouchavesnes (N. de la Somme) à la route d'Amiens à Roye peut être passé aux Anglais ; il en retirera toute la Xe Armée qui deviendra disponible.

Il y a en Angleterre un certain nombre de Divisions occupées à garder le littoral ou retenues pour d'autres raisons secondaires ; il faut obtenir du Gouvernement anglais qu'il envoie au Maréchal Douglas Haig, ces Divisions.

Le Maréchal Douglas Haig a de grandes appréhensions pour la partie de son front qu'avoisine Ypres, où se trouve la IIe Armée Britannique. Aussi y accumule-t-il de tels effectifs que ses disponibilités pour manœuvrer sont relativement faibles. Persuader le Général en Chef anglais qu'il peut dégarnir cette région d'Ypres et attaquer vigoureusement avec de grandes forces ailleurs, tout en soulageant l'armée française de la garde du secteur qu'occupe l'Armée Micheler, est chose à entreprendre sans tarder.

Le Général Cadorna craint la venue de l'ennemi par le Saint-Gothard ou le Simplon sur Milan, il appréhende une irruption par le Trentin, droit sur Vérone et Venise ; alors il ne se croit jamais assez fort de ce côté. Puisque le Gouvernement français réclame une attaque générale pour le mois de février, le concours italien ne pourra lui être apporté de bonne heure, en 1917, que dans la région du Carso. Il faut donc pousser le Général Italien à attaquer vers l'Adriatique, parer à toute tentative allemande pour débouler par la Suisse sur Milan, et envisager le transport de forces en Italie, en cas de nécessité.

Des bruits courent au sujet de la probabilité de la violation de la Suisse par les Allemands qui pourraient vouloir tourner par le Jura notre droite française comme, en Août 1914, ils ont tourné notre gauche par la Belgique. Foch, à Senlis, étudiera les mouvements de troupe à faire pour faire face à cette éventualité, après avoir réglé, sur le papier, les transports de Divisions de France en Italie.

Nivelle examine les différentes parties du front Occidental, mesure les densités, apprécie les économies qu'on peut faire un peu partout pour grossir sa masse de manœuvre ; il compte son matériel, ses projectiles, les moyens de réparer l'usure que causera la bataille et établit son Plan d'Opérations

Le maréchal Joffre avait fait un plan d'opérations, mais ce plan n'engageait que le Maréchal et encore à condition que ce fût lui qui présidât à son exécution. Il ne pouvait être imposé à son successeur. On a voulu opposer les conceptions du Général Pétain, à celles de Nivelle. Le Commandant du Groupe d'Armées du centre aurait eu sa manière particulière d'agir qui n'aurait été ni celle de Joffre, ni celle de Foch, ni celle de Nivelle. « Chacun a sa manière de faire la guerre ».

De même qu'un peintre, un sculpteur a sa facture, de même l'homme de guerre donne son cachet aux batailles qu'il prépare.

Au mois d'avril 1652, Turenne est avec le jeune Louis XIV aux environs de Bléneau : « il observe à la lueur des villages incendiés les dispositions du combat et dit : M. le Prince est arrivé ; c'est lui qui commande son armée ».

La vue d'un Ordre de bataille contenant en germe un plan d'opérations a suffi à Turenne pour reconnaître l'artiste : le Grand Condé.

Quand, le 28 avril 1017, M. Painlevé donnera deux chefs à la même armée : Nivelle et Pétain, il commettra une monstruosité. Clemenceau subordonnera Pétain à Foch, il ne leur dira pas de s'entendre.

Nivelle, puisque les Anglais se prolongeront jusqu'à la route d'Amiens à Roye, aura des forces que Joffre n'avait pas. Aussi lui sera-t-il possible de faire simultanément les deux attaques, de part et d'autre de l'angle Arras-Lassigny, Lassigny-Reims, que le Maréchal se proposait d'exécuter l'une après l'autre.

L'ennemi attaqué à la fois de l'Ouest à l'Est et du Sud au Nord n'aura pas l'espace pour jouer de ses réserves, ses lignes de ravitaillement seront encombrées, un échec d'un côté sera mortel pour l'autre.

Nous voyons naître dans l'esprit du chef : l'économie des forces et la concentration des efforts, ces deux grands facteurs du succès.

Voilà donc le Plan :

Les Belges (six Divisions) et le 36e Corps d'Armée français seront chargés de la sécurité du front de Nieuport à la région d'Ypres; leur rôle est purement défensif. La IIe Armée anglaise assurera la sécurité du front de l'Ouest d'Ypres aux environs d'Arras et se préoccupera de maintenir en avant d'elle de forts effectifs allemands.

Les IIIe et Ire armées anglaises constitueront des troupes de rupture des lignes Allemandes entre Arras et Bapaume; elles seront fortement dotées en effectifs et en matériel. La Ve armée britannique, région de l'Ancre, aura à exécuter des attaques secondaires pour user l'ennemi et l'amener à dépenser ses réserves.

La IVe Armée Britannique fera la liaison entre la Ve Armée anglaise et la IIIe Armée française. Elle est faible comme densité par kilomètre de front, son rôle est passif.

Le Groupe d'Armées du Nord, réduit aux IIIe et Ire Armées exécutera une attaque du Nord de l'Oise, s'efforçant de rompre le front ennemi et de marcher sur Saint-Quentin-La Fère.

Voilà pour la partie qui s'étend de la mer à l'Oise. On voit que sur toute la branche Nord de l'angle dont l'Oise est la bissectrice nous avons une région d'attaque principale : le front d'Arras à Bapaume, deux régions d'attaque secondaire Ve Armée britannique et G. A. N. ; enfin une région passive de la Somme à Roye.

Sur la branche de l'Aisne, une attaque brusquée, dans le genre de l'attaque principale d'Arras-Bapaume, aura lieu, au-delà de l'Aisne, à l'Est du canal de l'Aisne à l'Oise jusqu'à Reims.

Enfin, en Champagne, en Lorraine, sur les Vosges, il sera fait quelques démonstrations pour retenir l'ennemi ; partout ailleurs le front restera passif et conservé avec aussi peu de monde que possible.

Les attaques de la Branche Nord seront déclenchées les premières, elle attireront sur elles les réserves ennemies, les useront. Les Britanniques commenceront, le G. A. N. moins puissamment outillé attaquera ensuite; enfin viendra le Groupe d'Armées de réserve qui fera la rupture.

Après la rupture, sans arrêt, commencera l'exploitation du succès qui sera menée d'abord par des troupes fraîches. Cette exploitation est étudiée, orientée et les mouvements des autres armées qui n'auront plus devant elle qu'un ennemi entamé sont également envisagés.

Tel est dans ses grandes lignes le Plan d'opérations pour 1917, qui porte la date du 25 janvier 1917.

Caractère des combats de la Somme.

Ce plan était bien fait pour séduire les Gouvernements et les exécutants, c'était du nouveau, c'était grand et puissant ; on y voyait la force avec ses nuances et surtout la liaison des armées et la convergence des actions. Si ce n'était plus grignoter, ce n'était pas davantage les grandes attaques frontales avec espoir de percée comme en Champagne ; ce n'était pas non plus cette bataille de la Somme qui effrayait les profanes comme le diable fait peur aux enfants.

La bataille de la Somme avait été, sous une forme offensive, une manifestation de la défensive. Elle avait répondu à un but et avait été basée sur les modalités du but à atteindre.

Le champ clos de Verdun, très restreint par ses dimensions, était un terrain de carnage où les Allemands venaient, par le jeu de la noria, apporter tout ce qu'ils avaient de divisions fraîches. A ces Divisions fraîches il fallait opposer des divisions fraîches. Toute l'Allemagne et toute la France risquaient d'y périr.

Ce champ clos nous était désavantageux à cause de la Meuse dont les points de passage étaient rares et à cause de la pénurie de voies ferrées.

Alors il fallut faire une diversion qui soulageât Verdun.

Une attaque montée à grand style, de Vimy à l'Oise aurait certainement séduit le Général Foch, mais les ordres l'obligèrent à l'économie. Il dut se contenter de mener la bataille sur un front étriqué ; sur ce front étriqué éviter d'ajouter aux saignées de Verdun d'autres fortes saignées car, en juillet 1916, l'armée anglaise n'était pas encore fortement assise comme elle le sera au printemps de 1917.

Ne pas brûler un nombre exagéré de projectiles et économiser le sang français avec parcimonie, telles furent les données du problème.

Conclusion : se battre sur un front étroit et se contenter de gagner un terrain exactement limité par l'espace que le canon peut conquérir presque à lui tout seul.

Après un pas de fait on se contente de tenir jusqu'à ce que l'artillerie ait pris des positions plus avancées et que de nouvelles munitions soient allouées...

La caractéristique de la bataille de la Somme est l'intermittence. Ce n'est pas avec des procédés pareils qu'on jette les Allemands au Rhin, mais c'est comme ça qu'on arrive à décongestionner Verdun sans payer trop cher le résultat.

Au lieu de voir le but cherché et obtenu par Foch, une opinion, qui d'ailleurs n'avait pas besoin de comprendre — la victoire ne demandait pas cela — vit un système de combat et condamna à la fois le système et l'habile soldat qui avait su trouver une bonne solution à un problème difficile.

Nivelle retombera-t-il, en mai 1917, dans le système de la bataille de la Somme ? Mais, il n'y aura pas alors un Verdun à décongestionner et par conséquent pas de bataille de la Somme à livrer. Un mathématicien pour qui un problème de tactique apparaît comme un calcul algébrique pourra s'y tromper, mais Turenne y aurait vu clair.

M. Lloyd George séduit par les conceptions de Nivelle.

Nivelle a de grands moyens, le Gouvernement français et le Gouvernement anglais veulent une grande bataille qui mettra fin à la guerre, le but à atteindre est la destruction des Armées ennemies. Il attaquera sur de grands espaces, il usera les réserves ennemies, puis il fera brèche, alors une armée passera par la brèche et s'efforcera par la guerre de mouvement d'achever l'œuvre. Tout ce qu'il y a de forces disponibles concourra à la bataille ; les pertes seront sans doute considérables pendant une certaine période, mais ce sera la dernière période de guerre.

Le 20 décembre, Nivelle va voir le Général Douglas Haig, il l'entretient de son projet d'opérations ; il lui demande surtout de s'étendre jusqu'à la route d'Amiens à Roye. Il lui écrit le lendemain, mais se heurte à un refus motivé sur le retard que met Londres à lui envoyer les renforts promis.

Nivelle fait part au Gouvernement de M. Briand des difficultés qu'il rencontre ; il y a échange de pourparlers de Gouvernement à Gouvernement. Sur les insistances de M. Lloyd George, Nivelle va à Londres le 15 janvier. Notre Général en Chef parle l'anglais parfaitement, il est un convaincu et sait convaincre ses auditeurs.

Le War Committee adopte les propositions qui lui sont faites et M. Lloyd George deviendra bientôt le meilleur soutien de notre Général en Chef ; ce sera sur son initiative que sera tenue la Conférence de Calais des 26 et 27 février où sera établie sur des bases fermes l'Unité de Commandement. Les chefs des Gouvernements anglais et français sont là, avec leurs Ministres de la Guerre et les Généraux en Chef ; un accord est signé ; le voici :

« Le Comité de guerre français et le Cabinet de guerre britannique approuvent le plan d'opérations sur le front Occidental tel qu'il leur a été exposé le 26 février 1917 par le Général Nivelle et le Maréchal Sir Douglas Haig.

« Afin d'assurer complètement l'Unité de Commandement pendant les opérations prochaines sur le front occidental, le Cabinet de guerre britannique et le Cabinet de guerre français ont arrêté d'un commun accord ce qui suit :

I. Attendu que l'objet essentiel des opérations prochaines sur le théâtre occidental de la guerre est de chasser l'ennemi du territoire français et attendu que l'Armée française dispose d'effectifs plus considérables que l'Armée britannique, le Cabinet de guerre britannique reconnaît que la direction générale de la campagne *doit appartenir au Commandant en Chef de l'Armée française.* »

. . . .

Les autres articles invitent le maréchal Douglas Haig à mettre son projet d'opérations en concordance avec celui de Nivelle, à suivre les instructions que celui-ci donnera jusqu'au moment où les opérations seront terminées. Il appartiendra aux deux Gouvernements de juger de la date à laquelle ces opérations seront terminées.

L'Unité de Commandement créée par le plan d'opérations.

L'Unité de commandement était créée ; en cas de succès, cette unité durerait jusqu'à la fin de la guerre, puisque le plan d'opérations se proposait la destruction des armées ennemies.

Mais à ce moment même, les Allemands se replient devant le front de la Ve armée britannique, le maréchal Douglas Haig, toujours ému par les craintes d'une attaque allemande par les Flandres, veut reprendre sa liberté. Il massera ses effectifs dans le secteur de sa IIe armée et renoncera à l'attaque dans le secteur d'Arras. Il écrit, en conséquence, au War Committee, dans ce sens, et envoie une copie de sa note à Nivelle.

Tout est remis en question : extension du front, répartition des forces, date des attaques et même l'attaque elle-même.

M. Briand saisi, par le général en chef français, de la situation nouvelle qui vient d'être créée, envoie le 6 mars un télégramme à M. Lloyd George, qui se termine ainsi : « Au cas où le War Committee ne verrait pas la possibilité de remédier ainsi sans délai aux graves inconvénients signalés, il ne serait pas possible au Commandement en chef français d'assurer l'unité des opérations sur le théâtre occidental et le Gouvernement français ne pourrait que constater, à son grand regret, cette situation. » (1)

Le chef du Gouvernement français savait donc montrer de l'énergie quand cela était nécessaire ; il aidait le géné-

(1) *L'offensive de 1917*, Commandant de Civrieux, p. 59.

ral en chef dans sa lourde tâche ; il l'aurait soutenu pendant la période difficile d'avril, tandis que le Ministre de la Guerre, le général Lyautey, n'aurait pas permis les clabaudages qu'encouragera son successeur au fauteuil de Louvois.

Quand des généraux, des officiers d'état-major, de jeunes députés seraient venus frapper à sa porte, il les aurait reçus comme ils devaient l'être :

« J'ai vu avec la plus grande surprise votre lettre, je vous croyais plus de caractère et d'opinion ; est-ce à la fin d'un siège qu'il faut se laisser persuader par des intrigants qu'il faut changer le système d'attaque, ainsi décourager l'armée et faire tort à son propre jugement?...

« Chassez de chez vous à coups de piod au cul tous ces petits critiqueurs », écrivait Napoléon au maréchal Lefebvre, le 17 mars 1807.

M. Painlevé ne les chassera pas ces critiqueurs, il se mettra à leur tête ; c'est de son cabinet que partira le signal des critiques qui auront pour effet de « décourager l'armée ».

Après avoir reçu le télégramme de M. Briand, le Premier anglais propose une nouvelle Conférence à Londres ; elle a lieu les 12 et 13 mars 1917.

L'accord entre les généraux en chef fut conclu, la constitution d'un état-major britannique auprès de Nivelle fut décidée selon les vœux de Nivelle. Le 15 mars, tout est convenu.

Cet accord a été observé par le maréchal Douglas Haig, en vrai gentleman.

M. Briand pouvait être fier de son œuvre et se féliciter d'avoir mis la main sur le général en chef qui l'avait si fortement secondé.

V. — LA RETRAITE ALLEMANDE SUR SAINT-QUENTIN

La manœuvre en retraite. Sacrifices consentis par les Allemands pour éviter la bataille.

Au moment même où se tenait la Conférence de Calais, les Allemands abandonnaient leurs tranchées de la région de l'Ancre ; le général Gough ne s'en apercevait qu'au moment où il n'y avait plus d'ennemis devant la Ve armée britannique.

Les Anglais furent à la fois surpris et inquiets.

Y eut-il faute de la part de nos Alliés ou extrême habileté des Allemands?

A l'époque de Louis XIV, les bons généraux seuls arrivent à changer de camp dans le voisinage de l'ennemi ; l'opération est périlleuse.

Au temps de Frédéric II, battre en retraite devant l'adversaire était se mettre en déroute. L'historien Lloyd disait que les armées, de même que les garnitures de cheminée en porcelaine, se brisent dès qu'on les déplace brusquement.

Sous la Révolution, Moreau se fait une grande réputation, réputation d'ailleurs exagérée, par ses manœuvres en retraite. Au cours de notre grande guerre, la rupture du combat a toujours pu s'effectuer dans d'excellentes conditions. Joffre a ramené son armée de la Belgique à la Marne, marquant les étapes à son gré et s'arrêtant toujours à son heure. En juillet 1918, c'est en abandonnant sa première position à l'insu de l'ennemi, pour l'attendre sur une seconde, que le général Gouraud a infligé aux Allemands la sanglante défaite qui les a décidés à commencer cette grandissime retraite vers le Rhin, pendant laquelle Foch les poursuivit avec tant d'énergie. L'armistice est survenu au moment où la débâcle allemande allait se produire, mais jusqu'à l'heure de l'armistice, les Allemands ont tenu.

Il y a là une conséquence naturelle de la puissance acquise par les armes à feu, en rapidité, en portée et en effets destructeurs.

Une mitrailleuse qui se fâche produit plus d'impression qu'une multitude de fusils qui exécutent un tir lent et ajusté.

Un canon à tir rapide occupe grandement la scène pendant que les autres acteurs prennent du champ.

Le secret de la manœuvre en retraite réside dans la profusion de projectiles à déverser sur l'ennemi dans un court espace de temps.

Ceux qui reprocheront aux soldats de Douglas Haig ou de Nivelle d'avoir permis à l'ennemi de se dégager de toute étreinte sont ceux qui ont laissé leur cerveau arrêter son évolution aux choses de la guerre de Frédéric II ou de Montecuccoli. Ils n'ont pas vu notre guerre ou n'ont pas su en comprendre les enseignements.

Les Allemands abandonnent le secteur de l'Ancre pendant les derniers jours de février. Le maréchal Douglas Haig s'imagine que l'ennemi se crée des disponibilités pour attaquer ailleurs ; il affirme même que le mouvement de retraite va se généraliser, ce qui entraînerait l'abandon du plan d'offensive de Nivelle.

Celui-ci répond au maréchal anglais, le 6 mars 1917 : « Actuellement, la retraite des Allemands ne s'est effectuée que devant le front de la Ve armée britannique ; elle s'étendra peut-être jusqu'à la région de la Somme et de l'Oise, mais nous n'avons, en tout cas, aucun indice qui permette de supposer que l'adversaire agisse de même devant le front d'attaque de vos IIIe et V[e] armées, pas plus que devant celui du G. A. R.

« Bien au contraire, la position dite de Hindenburg est disposée de telle sorte que nos attaques principales, tant dans la zone britannique que dans la zone française, sont orientées pour les déborder et les prendre à revers. »

En effet, la zone d'attaque principale est dans la région d'Arras, c'est là que les Anglais ont accumulé leurs travaux et leur matériel ; le repli des Allemands ne fait pas perdre le bénéfice de ces grands préparatifs..

Plus au sud, l'armée Gough (la Ve) ne participait qu'à une attaque secondaire faite avec des moyens peu supérieurs à ceux de l'ennemi.

Plus au sud encore, au nord de la route d'Amiens à Roye, la IVe armée anglaise n'avait pas d'effectifs supérieurs à ceux des Allemands qui lui faisaient face.

Enfin venait le G. A. N. qui s'étendait jusqu'aux approches de l'Oise et n'effectuait qu'une attaque secondaire.

L'attaque principale française, correspondante à l'attaque principle anglaise était préparée sur l'Aisne et, là encore, la retraite allemande sur Saint-Quentin ne changeait rien.

Quand on veut faire croire que Nivelle a été le jouet des Allemands, on donne une importance égale à toutes les attaques d'Arras à l'Oise, puis on s'écrie que tous les travaux sont rendus inutiles, que toutes les attaques ont eu le vide devant elles.

En résumé, la retraite allemande n'affecte pas les secteurs d'attaque principale ; elle soulage le front allemand qui n'aurait eu à supporter que des attaques secondaires ou qu'on ne faisait que surveiller.

La retraite allemande est une grande victoire pour les Alliés.

Les avantages pour les Allemands sont minces et, pour ces minces avantages, l'ennemi cède :

« Tout le saillant occidental des lignes allemandes, l'immense arc de cercle qu'elles traçaient entre Arras et Soissons s'amincissait, s'aplatissait jusqu'à ne plus former qu'une ligne droite, suivant une direction qui était à peu près la corde de cet arc. Tout l'espace intérieur, jusqu'à une profondeur qui passait par endroits 35 kilomètres, trois mille kilomètres carrés de territoire, trois cents villages, des villes : Péronne, Bapaume, Chauny, Guiscard, Nesle, Roye, Ham, Noyon nous étaient subitement rendus. » (Où en est l'armée allemande? *Revue des Deux Mondes.*)

Si le lecteur veut bien découper une feuille de papier calque posée sur une carte, en suivant la ligne : Vailly-Laffaux-ouest de La Fère-ouest de Saint-Quentin-est de Bertincourt-Arras, d'une part. Ensuite, en suivant le front qu'avait trouvé Nivelle à sa prise de commandement, c'est-à-dire : nord de Soissons-Lassigny-ouest de Roye-Chaulnes-ouest de Péronne-Bapaume-Arras, il aura la représentation du terrain gagné en mars.

Il promènera ensuite sur cette même carte le calque ainsi découpé : Il verra que si le terrain avait été gagné au nord de Pont-à-Mousson, nous aurions été maîtres de Metz, de Briey et de Thionville. S'il avait été perdu au sud de Pont-à-Mousson, l'ennemi aurait pris possession de Nancy, de Toul, de la Lorraine, jusqu'auprès de Colombey-les-Belles.

S'il promène ce papier au nord de Verdun, il constatera que le terrain gagné engloberait Montmédy-Carignan. La France a pris le deuil quand, dans les journées qui ont suivi le 21 février 1916, le kronprinz gagnait un peu de terrain sur Verdun, l'Allemagne a illuminé et le kaiser a battu la grosse caisse. Que serait-il arrivé si au lieu de cette modeste avancée, le kronprinz nous avait fait perdre un espace égal à celui gagné par Nivelle en mars 1917 et s'était avancé jusqu'à Pierrefitte Vaubecourt?

Si ce papier calque est placé au sud de Lassigny et qu'on suppose que nous avons perdu la superficie qu'il représente; on constatera que ce terrain perdu aurait amené les Allemands à Crépy-Nanteuil-Chantilly. Paris aurait payé cher ce voisinage.

Que le lecteur veuille bien se livrer à un autre exercice et admettre que Nivelle n'ait gagné aucun terrain, que le front dont il avait hérité soit resté tel quel en héritage à son successeur. Cela fait, il mesurera au-delà de cette ligne des espaces égaux à ceux que les Allemands ont gagné, en mars 1918 vers l'ouest. Il sera effrayé de constater que nos ennemis se seraient avancés jusqu'aux portes d'Abbeville. C'était l'encerclement des armées belge et anglaise, c'est-à-dire très probablement la catastrophe finale, avec 1.200.000 Américains comme spectateurs ou victimes.

Les Allemands avaient illuminé pour leur avance sur Verdun ; ils ont chanté victoire lors de leur recul de Roye sur Saint-Quentin.

Nous avions pleuré en apprenant la surprise de Verdun et on a fait passer Nivelle pour la dupe des habiles manœuvres allemandes, quand il a fait fuir l'ennemi de Noyon et Roye sur La Fère et Saint-Quentin.

C'est à se demander si les Boches commandaient en France, au début d'avril 1917.

Foch avait gagné sur la Somme plus de terrain que n'en avait pris, devant Verdun, le kronprinz, alors que nous n'avions devant lui qu'un rideau de troupes ; on pavoisait en Allemagne pour le kronprinz et on « limogeait » Foch, chez nous.

M. Raffin-Dugens amène M. Painlevé au Ministère de la Guerre.

Au moment où M. Briand voyait son rêve de l'Unité de commandement devenir une réalité, au moment où la retraite allemande commençait, à l'instant où l'Allemagne fléchissait, M. Raffin-Dugens, l'ambassadeur bénévole de Kienthal, proférait à la Chambre ses vociférations.

Le 15 mars, le grand chef auquel nous devons la conservation du Maroc et dont la fermeté de caractère nous aurait été si nécessaire, le général Lyautey était obligé de quitter le pouvoir.

En Russie, un autre Raffin-Dugens menait un autre tapage. Le 15 mars également, le tsar abandonnait sa couronne entre les mains de Kérinski, de ce Kérinski dont M. Painlevé, avec un don prophétique n'appartenant qu'à lui, allait dire le 7 juillet :

« C'est pourquoi, messieurs, tant que je serai au poste d'honneur et de péril où m'a placé votre confiance, avec autant de fermeté que de mesure, avec autant de décision que de sang-froid, je m'opposerai à toute propagande qui risquerait d'affaiblir la force morale de notre armée et sa volonté de vaincre.

« *Et si quelqu'un de ces faibles cœurs dont parle Kerenski,* dans son ardente proclamation, ***un de ces cœurs qui laisse à l'arrière parce qu'ils refusent de livrer le dernier combat,*** me demande : « Jusqu'où voulez-vous nous entraîner et quand direz-vous que vous avez atteint le but? » Je lui répondrai, empruntant encore au Président des Etats-Unis une de ces formules magistrales : « Nous aurons atteint notre but et nous cesserons de combattre, le jour où la démocratie sera en sûreté. »

Voilà le ministre qui allait succéder au général Lyautey ! Si, pour son malheur, la France avait vu tomber le Ministère Briand le 12 décembre 1916, et le Ministère Ribot-Painlevé le remplacer, Nivelle n'aurait pas été commandant en chef ; le Ministre de la Guerre aurait ordonné de laisser de côté toute offensive à la Napoléon. Rien n'aurait, dès lors, motivé le recul des Allemands sur la ligne Arras-Saint-Quentin-Soissons; en février-mars 1918, les Allemands atteignaient Abbeville.

L'ennemi raccourcissait son front en se repliant, pendant la seconde quinzaine de mars 1917, sur la ligne droite Arras-Saint-Quentin-Soissons, mais les Alliés qui avaient enveloppé l'obésité du front raccourcissaient le leur davantage encore.

Si Nivelle avait jeté ses troupes, à corps perdu sur la nouvelle ligne fortifiée allemande, l'ennemi aurait recueilli des bénéfices à avoir reculé, bénéfices qui auraient payé le lourd sacrifice consenti par l'abandon d'un si vaste espace. Mais Nivelle ordonne aux troupes qui font face à ce nouveau front de demeurer « à la distance et dans les conditions les plus favorables à une attitude défensive »; l'ennemi ne peut profiter des avantages de la ligne Hindenburg, car on ne l'y attaque pas et, s'il veut attaquer lui-même, il faut qu'il en sorte.

Nivelle imposera aux Allemands la bataille qu'ils redoutent.

Les Allemands pensaient éviter la bataille, par leur recul ; ce serait donc faire leur jeu que de les dispenser de cette bataille.

Puisque les terrains d'attaque principale sont demeurés dans l'état antérieur, le général en chef n'a pas le droit de manquer à la mission que lui ont donnée les Gouvernements de France et de Grande-Bretagne, c'est-à-dire de chercher à mettre fin à la lutte par la destruction des armées allemandes.

A cause de la situation nouvelle entraînée par la retraite allemande, l'ancien front que garnissaient les Vᵉ et IVᵉ armées britanniques et les IIIᵉ et Iʳᵉ armée françaises, deviendra un front passif qui n'exigera pas autant de forces qu'auparavant.

La Iʳᵉ armée française sera enlevée au G. A. N., le général Humbert avec sa IIᵉ armée demeurera entre Somme et Oise.

Le plan d'opérations subsiste dans ses grandes lignes, comme il subsistera après le 16 avril. Un plan de bataille n'est pas une formule de guerre dont tous les facteurs sont immuables, c'est une chose souple, essentiellement variable, dont le caractère d'unité n'est fait que de l'unité du but qu'on veut atteindre.

Le général Nivelle pouvait se réjouir du résultat obtenu dans cette première période de commandement, mais gagner du terrain était pour lui une satisfaction incomplète. Il avait des ordres à exécuter, ordres donnés par les gouvernements, mettre fin à la guerre, cette fin ne s'obtiendrait que par la destruction des armées ennemies, il pensait donc à les détruire.

C'est dans cet état d'esprit qu'il se présenta à la Conférence de Compiègne.

VI. — LES FORCES. LEUR EMPLOI

Nivelle prépare une bataille de cinq mois.

Le maréchal Joffre, dans le memorandum de Chantilly, avait évalué les forces respectives des Alliés et des Allemands sur le front occidental par la proportion de trois alliés contre deux Allemands (168 contre 100).

Nivelle, dès son arrivée à Chantilly, fait sa caisse. Il consulte le tableau des effectifs que le 1ᵉʳ bureau de l'état-major tient constamment à jour. Après examen de l'ensemble, il se rend compte que tout en laissant sur les fronts défensifs les forces indispensables, il pourra attribuer, au général Franchet d'Esperey, pour attaquer face à l'Est : 24 divisions d'infanterie et 2 de cavalerie (IIIᵉ et Iʳᵉ armées), et se réserver 40 divisions d'infanterie (VIᵉ, Vᵉ, Xᵉ armées) et 5 divisions de cavalerie pour attaquer du sud au nord.

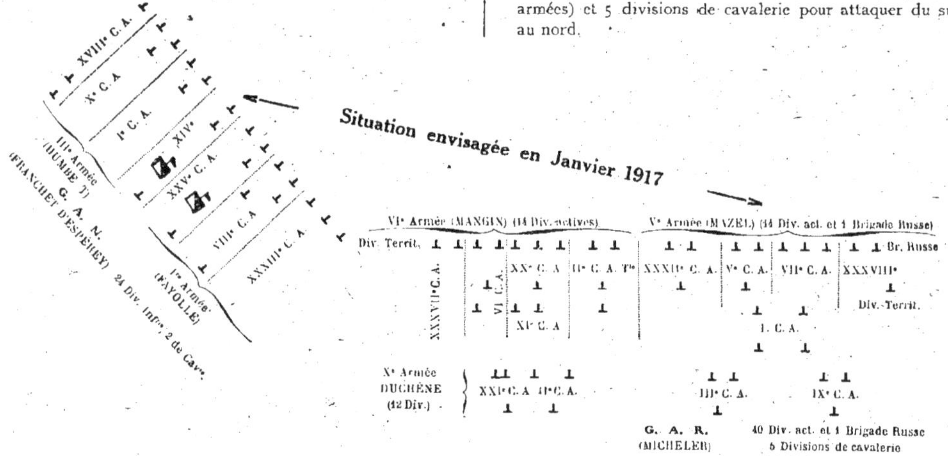

Toutes les grandes unités devront être mises au complet de guerre et maintenues à ce complet.

Jusqu'au moment où commencera la bataille, les pertes seront normales, quand commencera la bataille, elles deviendront considérables et cependant il faudra être en mesure de les réparer.

On se plaît à affirmer que Nivelle prétendait finir la guerre en quelques jours et arriver à la Meuse en quelques étapes.

Le Messie botté de M. Painlevé avait prétendu, en l'espace de 15 jours, débarrasser le sol français des Allemands.

Nivelle ne fait pas de telles promesses. Il envisage pour la période des batailles une durée de cinq mois. Pendant cette durée de cinq mois, les pertes seront probablement celles de la période de 1916, à Verdun et sur la Somme.

Partant de ces bases, il se demande s'il a des ressources suffisantes pour faire face aux pertes.

Au 1ᵉʳ janvier 1917, les ressources, totalisées avec le produit moyen de la récupération pendant une période de six mois, donnent un total de 870.000 hommes. En 1916, avec les lourdes batailles de Verdun et de la Somme, les besoins pour une période de six mois ont atteint environ ce chiffre de 870.000 hommes.

Nivelle estime qu'en 1917 la France peut faire un effort égal à celui de 1916; cet effort sera plus productif, puisque les Anglais feront un effort parallèle. Dans ces conditions, il juge que la grande bataille peut être livrée et donner des résultats décisifs.

En estimant à cinq mois la durée de la bataille finale, Nivelle calculait assez juste, puisque la chevauchée au Rhin conduite par Foch a été une bataille de quatre mois, qui en aurait duré cinq, probablement, sans l'armistice.

Le coût de la bataille.

Nivelle ne se contente pas d'examiner le chiffre total de son budget, il passe en revue chacun des chapitres :

L'*artillerie* a un effectif de 530.000 hommes, il faudra 200.000 hommes pour son entretien ; les ressources existent ;

L'*aéronautique* a un effectif de 31.000 hommes, elle est trop faible, il lui faut atteindre 37.000 hommes et il n'y a dans les dépôts que 4.000 hommes, quoique la perte du personnel navigant soit du dixième de son effectif par mois. Nivelle s'emploie aussitôt à recruter du personnel, mais il y aura là un point faible dû aux imprévoyances du passé difficile à réparer. En outre, le matériel est en grand déficit et les nouveaux modèles ne sortent pas.

En aviation ce n'est pas le nombre d'appareils qui importe, mais le nombre des appareils les plus récents. Quand le général Lyautey arrive au Ministère, l'aviation est dans un état déplorable, aussi ne veut-il pas la laisser aux mains avides du Parlement.

Le *génie* est au complet, son effectif est de 122.000 hommes et les dépôts peuvent combler les pertes.

La *cavalerie* a un effectif de 83.000 hommes. C'est une arme qui disparaît peu à peu. On fera chez elle une nouvelle saignée pour former le personnel des tanks.

L'*infanterie* (active et réserve) compte 988.000 hommes, elle est en déficit de 140.000 hommes et son entretien, sur le pied des dépenses de 1916, réclame de 90.000 à 100.000 hommes par mois; soit 500.000 hommes pour la période de cinq mois de bataille.

Il y a 286.000 hommes dans les dépôts, les récupérations fourniront en cinq mois 225.000 hommes. On pourra donc alimenter les unités d'infanterie pendant cinq mois. Mais le déficit de 140.000 hommes subsiste, on le comblera en faisant sortir de leurs bureaux ou des emplois de l'intérieur, les hommes jeunes qu'on remplacera par des femmes ou des hommes des services auxiliaires.

L'*infanterie territoriale*, y compris 104.000 hommes qui sont à l'intérieur, s'élève à 422.000 hommes. L'armée territoriale, qui ne prend pas part aux combats, ne s'use que lentement, mais elle se nourrit sur sa propre substance et chaque jour des unités disparaissent. Nivelle réclame qu'on lui donne des travailleurs italiens et anglais.

Le général en chef insiste pour que l'appel de la classe 1918 se fasse bientôt, afin qu'elle soit mobilisable en automne. Il réclame la révision des exemptés.

« Tout doit être fait pour que la campagne prochaine soit décisive. » Il se plaint de manquer de travailleurs : « Dans la guerre actuelle, le succès dépend non-seulement de la valeur des troupes et de la quantité de matériel mis en œuvre, mais aussi de l'activité déployée dans les travaux nécessaires à la préparation d'une offensive. »

Il résulte de ces considérations que Nivelle n'a jamais pu promettre, comme ses adversaires le prétendent, une victoire instantanée qui ne serait pas coûteuse. Enfin, si les travaux de préparation de l'attaque sont jugés insuffisants, c'est parce que des ordres individuels partis de certains ministères vidaient nos unités, tandis que les promesses d'appel de travailleurs italiens ou anglais n'étaient pas tenues.

Les nouveaux chefs d'armée.

Quand il prend le Commandement, Nivelle a à pourvoir au commandement de la IIe armée, à celui de la VIe et à celui du G. A. R.

Il serait logique de donner le commandement du G. A. R. à Foch, qui l'accepterait volontiers, puisqu'il se contentera de l'emploi qui lui est donné à Senlis.

Nivelle ne peut le faire parce que Parlement et Gouvernement ne le permettraient pas.

Il ne peut pas davantage l'offrir au général de Castelnau qui part en Russie et qu'on ne veut plus voir remplir un rôle important.

Le général Franchet d'Esperey doit demeurer à la tête du G. A. N. qui avait à jouer un rôle de première importance.

Le général Pétain ne pouvait guère être enlevé au G. A. C. au moment où, pour former la masse de manœuvre, il faudrait grapiller partout. Il y a lieu de craindre que l'ennemi ne cherche à prévenir l'attaque en attaquant lui-même et Pétain dans son groupe d'armées préviendra ce danger. La précaution a été bonne, puisque le général Roques a été attaqué.

Nivelle, conseillé par Joffre, fait choix du général Micheler pour commander le G. A. R.

Le général Micheler est plutôt un Berthier qu'un Ney.

Au début de la guerre, on l'a vu chef d'état-major du général Roques ; c'est un rapport sur l'offensive de Champagne qui lui a donné la forte poussée ; il n'a commandé un corps d'armée que peu de temps. A la bataille de la Somme il a bien réglé les mouvements de troupes et de matériel.

D'ailleurs Nivelle n'est qu'à demi-confiant dans la valeur de Micheler comme exécutant, il se garde bien de lui donner les prérogatives de commandant de groupe d'armées.

« Le général Micheler, commandant la Xe armée, est nommé adjoint au commandant en chef, avec rang de commandant d'armée, à la date du 1er janvier. Il exercera, dans la zone de la Ve armée, par délégation du commandant en chef et sous réserve de son approbation, les attributions fixées par l'ordre général n° 39 du 13 juin 1915, pour les commandants de groupe d'armées », a écrit Nivelle, le 27 décembre 1916.

Le gouvernement n'aurait pas refusé de rendre un décret nommant commandant de groupe d'armées, cet ami du Président du Sénat, il aurait suffi que le général en chef en formulât le désir.

Puisque le général Micheler quitte la Xe armée, il y a lieu de pourvoir à son remplacement.

Nivelle ne laisse pas Mangin à Verdun, c'est le général Guillaumat qui aura la IIe armée quittée par Nivelle. Mangin, ce chef hardi dans l'attaque et audacieux dans l'exploitation, prendra le commandement d'une armée de rupture, la VIe.

A la tête de la Xe armée, qui aura à fournir une tâche difficile, à parcourir de fortes étapes et à livrer de durs combats, armée enfin dont dépendra le gain de la guerre peut-être, puisque c'est sa puissance d'action poussée jusqu'à ses dernières limites qui empêchera l'ennemi de se ressaisir, il faut un Duchêne, l'homme dont la poigne est de fer et que ne gante pas le velours.

Les forces sont évaluées, les vacances sont comblées, comment les forces seront-elles employées ?

Évaluation des forces allemandes.

Au mois de janvier 1917, les Allemands avaient sur le front occidental : 131 divisions, parmi lesquelles 26 étaient disponibles en arrière du front.

En avril, toutes les disponibilités allemandes étaient rapprochées des secteurs d'attaque. On connaissait la présence de 43 divisions en arrière du front, nous savions que 2 divisions venaient du front oriental, que 6 divisions de nouvelle création allaient y arriver et qu'une division était en formation en arrière du front. Ce qui faisait un total de 52 divisions, là où le 1er janvier on n'en avait compté que 26.

Le 16 avril, les Allemands avaient accru leurs forces au front même de 12 divisions et 39 étaient disponibles à l'arrière, savoir : 18 aux ordres du prince héritier de Bavière, face au maréchal Douglas Haig et 21 sous le commandement du kronprinz d'Allemagne.

En face des 131 divisions allemandes, le 1er janvier 1917, les Alliés comptaient 174 divisions et le maréchal Douglas Haig venait d'être renforcé par six divisions. Notre supériorité demeurait considérable.

Si la retraite des Allemands sur la ligne Hindenburg procurait des disponibilités à l'ennemi, elle nous en créait également.

La première armée va sur le front de l'Aisne.

C'est ainsi que 6 divisions économisées sur la Ve armée allemande permirent au maréchal Douglas Haig de prolonger son front d'attaque vers le Nord, en face de Vimy. C'est ainsi que 12 divisions du G. A. N., toute l'armée Fayolle, fut portée sur l'Aisne et constitua une nouvelle armée entre les mains de Nivelle, en dehors du G. A. R.

On commet donc une erreur quand on mesure le degré d'épuisement de nos disponibilités à l'épuisement du G. A. R. Derrière le G. A. R., il y a encore la Ire armée.

Le tableau mis en tête de ce chapitre est devenu autre :

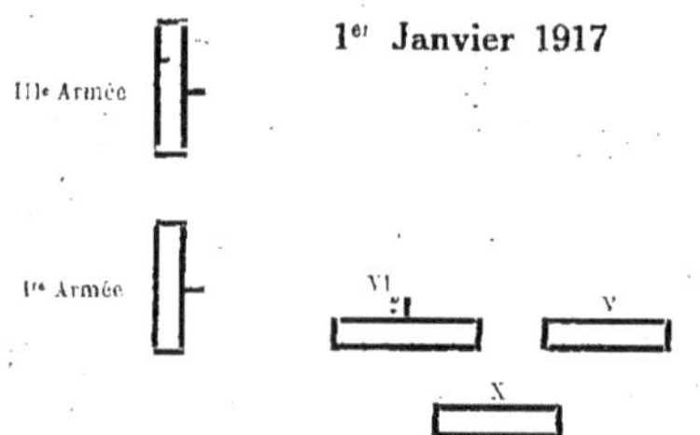

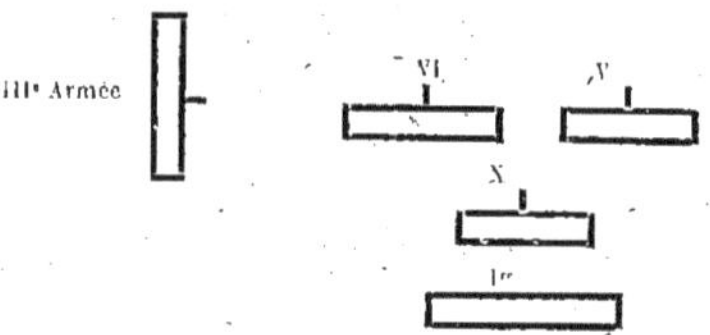

Dans la première phase, c'est-à-dire avant la retraite Hindenburg, les IIIe, Ire, Ve armées britanniques et les IIIe et Ire armées françaises auraient attaqué l'ennemi avant le commencement de toute opération sur l'Aisne. Si l'ennemi tenait devant ces attaques il y dépenserait une partie de ses réserves, la totalité peut-être. Si toutes les réserves allemandes étaient dépensées quand surgirait la bataille de l'Aisne, le G. A. R. en un court espace de temps, quarante-huit heures, peut-être, romprait le front ennemi, et la Xe armée passerait par la brèche.

Si l'ennemi n'avait pas dépensé toutes ses réserves contre la branche Arras-Lassigny, il lui en resterait pour alimenter la bataille de l'Aisne ; dans ce cas, le G. A. R. aurait à user l'ennemi avant de rompre son front et pour cela, il lui faudrait peut-être dépenser dans la lutte d'usure une partie de la Xe armée, au préjudice de sa puissance d'exploitation.

Usure et rupture.

Dans la seconde phase, c'est-à-dire après la retraite Hindenburg, la surface de friction sur la branche Arras-Lassigny est moins étendue, il devient donc probable que le G. A. R. aura à produire une action d'usure plus forte avant de pouvoir faire la rupture. Une grande partie du G. A. R. sera donc dépensée pour cette usure, toute la Xe armée y passera peut-être, mais il y aura encore la Ire armée pour continuer l'usure ou pratiquer la rupture et l'exploitation.

Les hypothèses sont nombreuses. On peut se demander aussi si l'ennemi ne profitera pas de ce qu'il a plusieurs positions organisées pour faire une petite résistance sur chacune d'elles et nous obliger à payer cher nos progrès successifs.

Nivelle ne pouvait deviner ce qui se passerait, mais pour ne pas être le jouet de l'ennemi, il fallait attaquer vigoureusement et on verrait. On verrait? Ce n'est pas bien certain.

A Iéna, Napoléon croit avoir toute l'armée prussienne devant lui. Il ignorera, toute la journée du 14 octobre 1806, la bataille que Davout livre à Auerstaedt et Bernadotte sera si peu renseigné qu'il demeurera inactif entre les deux batailles. Cependant, il y a là Napoléon et Iéna est la plus grande de ses victoires, puisqu'elle a anéanti un peuple en une journée.

Nivelle pouvait donc faire un plan d'entrée de jeu, mais non pas prévoir les incidents qui surviendraient. Tous les pronostics qu'on lui prête ne sont que chimères nées dans les esprits d'hommes qui ignorent la guerre.

VII. — LE DÉSARROI

Il y a accord entre les généraux français, le 20 mars.

Le ministère Ribot-Painlevé prend, le 20 mars 1917, les rênes du Gouvernement ; sa majorité comprend tout l'ancien parti Caillaux, dont le chef prépare de façon occulte une paix boiteuse.

« Lorsqu'il a choisi le chef qui doit conduire nos troupes à la victoire, il lui laisse une complète liberté pour la conception stratégique, la préparation et la direction des opérations », dit M. Ribot dans sa déclaration ministérielle.

A la Conférence de Londres, des 12 et 13 mars, M. Bonar Law, chancelier de l'Echiquier, avait refusé qu'on lui fit l'exposé du plan général de l'offensive. Ayant eu des généraux en chef, l'assurance que l'accord existait entre eux, il avait dit : « Alors, cela ne nous regarde pas. »

A la date du 20 mars, les Gouvernements français et anglais étaient dans la tradition.

A ce moment, l'ennemi cédait devant notre front, depuis la région d'Arras jusqu'à celle de Soissons. L'offensive générale devait commencer le 8 avril, et dans l'armée chacun était prêt à s'engager dans la grande bataille.

Certaines gens s'efforçaient de faire croire à un désaccord entre les généraux, et notamment à répandre le bruit que le général Pétain était disposé à opposer ses conceptions à celles de son ancien subordonné devenu son chef. Mais Pétain coupait court à ces racontars malveillants par la belle lettre que voici :

Quartier Général, 19 *mars* 1917.

Mon général,

Il me revient certains bruits qui tendraient à prouver que l'accord entre nous ne serait pas parfait et que mon activité serait employée à contrecarrer vos projets et à vous créer des difficultés de commandement.

Je vous demande instamment de ne pas prêter l'oreille à ces insinuations malveillantes lancées par quelque coterie plus ou moins intéressée à créer du désordre et de me considérer toujours comme un collaborateur dévoué et respectueux de vos ordres.

Signé : PÉTAIN.

Il y avait un réel accord entre le chef et les exécutants :

« De ce réel accord entre le chef suprême et les principaux exécutants, des témoignages extérieurs nous sont d'ailleurs fournis par les rapporteurs parlementaires qui se sont, à ce moment-là, rendus aux Quartiers Généraux des armées. C'est ainsi que le 1er mars 1917, MM. Violllette et Albert Favre lurent à la Commission de l'Armée de la Chambre un rapport sur l'offensive prochaine, dans lequel ces deux députés disaient :

« Nous avons eu la préoccupation de nous rendre dans les armées susceptibles de prendre part aux prochaines opérations probables afin de nous rendre compte de la disposition d'esprit des chefs et de la façon dont ils apprécient l'effort à fournir. Bien entendu, nous n'avons pas oublié de voir le Général en Chef et d'avoir avec lui la conversation nécessaire.

« Il y a d'abord une conviction qui paraît unanimement partagée aujourd'hui, aussi bien par le Général en Chef que par ceux qui sont les exécutants vraisemblables de demain. Cette conviction, *c'est qu'il n'y a plus de front inviolable et que le front sera crevé par qui le voudra à condition d'y mettre le prix.*

« *Tous les Généraux — nous y insistons — que nous avons vus, Nivelle-Fayolle-Mangin, Micheler et Pétain sont unanimes sur ce point.* » (Rapport sur l'offensive franco-britannique d'avril 1917 de M. Henry Bérenger fait à la Commission de l'Armée du Sénat le 17 juillet 1917).

Choisir le Chef est une responsabilité à prendre par le Gouvernement.

Le Ministère Ribot-Painlevé trouvait à son avènement aux affaires : Un Général en Chef.

Les principes généraux de la conduite de la guerre lui donnaient le droit absolu de changer le chef, de modifier le but assigné à la guerre et de retarder la date fixée pour le commencement des opérations.

M. Briand avait engagé sa responsabilité en recevant Joffre du Gouvernement précédent et en le maintenant à la tête de l'armée. Le Gouvernement Ribot-Painlevé avait à prendre ses responsabilités.

C'est là que M. Painlevé se dérobe.

On sait que ses préférences ne vont pas à Nivelle, on sait qu'une grande bataille coûteuse où se jouera le sort de la guerre lui fait peur.

M. Painlevé sème le désarroi dans le Haut-Commandement.

Il va introduire dans l'armée des procédés de parlementaire ; il va saper l'autorité ; créer une opposition, travailler à se faire une majorité : quand il croira avoir cette majorité, il s'abritera derrière elle pour justifier ses actes.

Pour se faire cette majorité ; il sème le désarroi dans l'armée.

M. Painlevé donne l'ordre au Commandant Herscher — officier très distingué de son Cabinet — de lui faire un travail où seront mises en évidence toutes les raisons à opposer au Projet d'offensive (23 mars). Cela se sait et confirme le bruit d'un désaccord entre les vues du Ministre et celles du Commandant en Chef.

Il convoque les Généraux à son Cabinet, à l'insu du Général en Chef, pour demander leur avis sur le projet de Nivelle et il ne leur cache pas sa répugnance pour l'offensive. Ces Généraux, rendent compte et de la convocation dont ils ont été l'objet et de l'opinion qu'ils ont formulée. C'est ce que fait le Général Micheler le 30 mars, à Dormans, par compte rendu verbal ; c'est la conduite que tient le Général Pétain en écrivant à son chef le 3 avril ; c'est l'attitude qu'observe le Général Franchet d'Esperey en se rendant de sa personne auprès de Nivelle à son Q. G. à Beauvais.

« Chacun a sa manière de faire la guerre », on ne saurait trop le dire et le redire. Quand le Général de Castelnau a lancé son offensive de septembre 1915, nombre de Généraux estimaient la décision prématurée, beaucoup jugeaient le front d'attaque trop étroit et savaient que l'étroitesse du champ de bataille était la conséquence forcée de notre pauvreté en matériel d'artillerie.

Cependant tous y sont allés franchement et il ne s'en est pas manqué de beaucoup qu'un succès couronnât nos efforts.

Il n'y a pas qu'une voie pour conduire à la victoire, mais quelle que soit la voie choisie on n'arrive au but qu'en y marchant carrément et tous la main dans la main.

Le Ministre de la Guerre est le Chef de l'armée Quand il interroge, le loyalisme ordonne qu'on lui réponde avec franchise et netteté. Ces Généraux expriment donc toute leur pensée, et en loyaux soldats ils rendent compte à Nivelle de l'entretien. Mais ces Généraux savent qu'aux heures graves c'est de l'union du Gouvernement et du Commandement que dépend le succès, leur confiance est ébranlée par la lutte du Ministre contre le Général en Chef et si l'un d'eux a le caractère faible, tout est perdu. Celui-là, aux premiers obstacles perdra toute confiance et ne commandera plus.

Que discute-t-on dans ces entrevues ? Le Plan d'opérations, les modalités de l'attaque, la date de l'ouverture du combat ou la direction à imprimer à la guerre.

La direction à imprimer à la guerre est affaire de Gouvernement, cela ne regarde pas les Généraux. Les modalités de l'attaque, le plan d'opérations, cela ne concerne pas le Ministre. Il y a violation des Déclarations faites par M. Ribot à son avènement au Ministère.

M. Painlevé voit faux.

M. Painlevé voyait faux. Or. un homme d'Etat assis dans le fauteuil de Louvois aux heures graves, doit voir juste, sans quoi il mène son pays aux pires catastrophes.

1° Il n'y avait pas désaccord entre chefs prêts à se subordonner corps et âme aux volontés de celui qui commandait, la lettre du 19 mars du Général Pétain en est une preuve incontestable.

2° La retraite des Allemands sur Saint-Quentin était un signe de faiblesse de l'ennemi. Aujourd'hui, nul n'en peut douter. Les offensives des Allemands en 1918 ont prouvé que nos ennemis visaient deux grands objectifs : la mer et Paris. Or, en mars 1917, ils se sont éloignés de la mer, en reculant de Roye à Saint-Quentin, ils se sont écartés de Paris en quittant Lassigny-Noyon pour la Fère.

3° Il y avait un malaise considérable en Allemagne. C'est pour cela que le Kaiser avait fait des ouvertures fallacieuses de paix que M. Briand avait déjouées, mais qui avaient cependant produit en Allemagne l'effet qu'on en attendait, c'est-à-dire persuadé au peuple allemand que si la guerre continuait c'était malgré son empereur. La ruse avait été nécessaire, donc le peuple était las.

4° Le 31 mars 1917, le prince Sixte de Bourbon remettait au Président de la République une lettre autographe de Charles Ier, Empereur d'Autriche, proposant l'ouverture de négociations de la paix et prenant pour bases la Restitution de l'Alsace et de la Lorraine à la France. M. Clémenceau a publié cette lettre.

Il y avait là une démonstration certaine de la fatigue de l'Autriche.

Infliger, en avril, un échec à l'Allemagne libérait Vienne de la lourde tutelle de Berlin et procurait la paix.

5° Une Révolution s'était produite en Russie, le 15 mars. A dater de ce jour, l'armée russe ne se survivra que de sa force restante qui ira chaque jour en diminuant. Broussilov la mènera encore à l'ennemi en juillet, mais peu après ses soldats vendront leurs canons pour boire et ce sera le Bolchevisme.

En avril 1917, les Allemands n'ont pu distraire du front russe que *deux* Divisions. En mars 1918, ils n'auront plus personne au front oriental ; ils auront 207 divisions allemandes chez nous. Nous ne serons sauvés que par l'Unité de commandement et par la présence de l'armée américaine.

6° L'Unité de Commandement était créée, mais basée sur l'exécution du Plan offensif de Nivelle ; elle disparaissait avec ce Plan. M. Painlevé se plaindra de ce que le front tenu par les Français est de 540 kilomètres, mais précisément c'est Nivelle qui a obtenu que les Anglais poussent leur droite de Bouchavesnes à Roye, en vue de l'exécution de ce Plan. Est-ce que M. Painlevé a obtenu jamais quelque chose d'analogue ? Au contraire, il va envoyer 6 Divisions françaises dans le Nord, pour épargner le sang anglais et d'autres Divisions en Italie.

7° Enfin, les batailles de Verdun et de la Somme ont fatigué les troupes allemandes, il ne faut pas leur laisser le temps de se remettre. Il peut être regrettable que Foch ait été empêché de continuer l'usure qu'il avait entreprise bien que cette usure faite sur un champ trop étroit fut lente et coûteuse. Une usure sur un large espace allant plus vite que les réparations possibles serait le coup de massue qui mettrait l'Allemagne par terre. C'était une faute que de ne pas donner ce coup de massue.

La peur des responsabilités.

Tout plaidait en faveur de l'offensive, M. Painlevé soutenait le contraire. Mais tous les arguments de M. Painlevé n'avaient d'autre objet que de se dispenser de l'effort et de mériter la faveur de tous ces fatigués qui constituaient la base de sa majorité et qui étaient plus ou moins complices de la désorganisation qui s'effectuait dans l'armée et dont les effets se manifesteront en mai.

Contremander l'offensive, le Ministre de la Guerre n'en avait pas le courage ; car si nous n'attaquions pas, nous serions peut-être attaqués.

Aussi le Ministre de la Guerre voudrait bien que la renonciation à l'offensive fût proposée par les Généraux.

Le 2 avril, M. Painlevé fait venir Pétain, Micheler pour les amener à se ranger à son opinion.

Le 3 avril a lieu une réunion au Ministère de la Guerre. Sont présents MM. Ribot, Albert Thomas, Amiral Lacaze, Painlevé, Maginot et le Général Nivelle.

Quelle aubaine si Nivelle se laissait convaincre, prenait la responsabilité de renvoyer les corps d'armée à leurs secteurs et renonçait à son Plan d'opérations ; M. Painlevé serait garé de tous risques. Si tout se passait bien le Ministre se flatterait d'avoir fait abandonner un Plan qui menaçait d'entraîner des pertes considérables. Si l'ennemi attaquait et prenait la fâcheuse initiative tant redoutée, le Ministre dirait qu'il n'avait pas voulu s'immiscer dans la conduite des opérations et il aurait chargé à plaisir Nivelle de toutes les imprécations de la France.

Mais Nivelle tient bon.

Cependant, il faut trouver quelqu'un pour endosser les responsabilités. Le 2 avril, les présidents du Sénat et de la Chambre vont causer au front ; Ils passent à Roucy sur l'Aisne d'où ils ont un panorama sur le futur champ de bataille, puis sur la montagne de Reims.

Ils reviennent en rapportant de mauvais diagnostics, le désarroi commence à se manifester mais il n'ont pas l'intention de prendre pour eux une responsabilité qui revient tout entière au Gouvernement.

Le 5 avril, c'est le Colonel Messimy qui apporte une note qu'il remet à M. Ribot. Cette note très pessimiste conclut à l'échec de l'attaque. Elle est, dit M. Messimy la traduction exacte de ce que lui a dit le Général Micheler.

M. Painlevé est déjà quelque peu couvert, il pourrait prendre une décision.

Il s'en garde bien, la responsabilité serait encore trop lourde.

Alors on propose au Président de la République de tenir à Compiègne un Conseil de guerre, le lendemain 6 avril.

Conseil de guerre de Compiègne.

Il est un fait avéré c'est que jamais une solution virile n'est sortie d'un Conseil de guerre ; pourquoi y serait-il fait exception cette fois? Ce Conseil n'engagera la responsabilité de personne puisqu'il ne sera pas pris trace des délibérations. La manœuvre est habile.

La discussion est ouverte :

M. Painlevé se fait doucereux, convaincant, il ne veut pas se mêler des opérations, « mais le Gouvernement est responsable de la conduite générale de la guerre » et il donne ses raisons pour le rejet de l'offensive ou tout au moins pour que « notre armée ne subisse pas des pertes irréparables, disproportionnées avec les résultats obtenus. » (1)

On peut dire à toute heure que les pertes sont irréparables ou que les pertes sont hors de proportion avec les résultats obtenus surtout quand on compte pour rien la retraite de Roye à Saint-Quentin des Allemands. Foch, l'homme aux solutions viriles n'a pas été appelé au Conseil. Castelnau vient de Russie, il se contente de dire qu'on laisse faire le Général responsable. Le Général Franchet d'Esperey n'a plus grande part à prendre à la bataille, sa voix ne peut être décisive. Pétain a d'autres idées que Nivelle, il les expose. Quant à Micheler, il est embarrassé car il ne semble pas avoir tenu au Ministre, à Messimy, aux Membres du Parlement, les propos qu'il emploie quand il s'adresse au Général en Chef.

Le désarroi a gagné les hautes sphères du Commandement, l'œuvre néfaste est accomplie, M. Painlevé peut jeter un coup d'œil en arrière, il verra, s'il sait voir, que la Victoire ne donne plus la main à la France.

L'incohérence règne, le désarroi bat son plein, aucune autorité n'existe plus, l'inaction va sortir de cette délibération, en même temps que l'impuissance. On va décider, semble-t-il, qu'on se battra à Pâques ou à la Trinité.

« Les Généraux n'étaient pas d'avis d'attaquer » dira le Gouvernement « Le Gouvernement était opposé aux sacrifices qu'imposerait la grande bataille » diront les Généraux ; chacun se voyant à couvert, prêchera l'abstention.

Mais Nivelle ne prend pas la chose ainsi : Il établit les responsabilités : Pas une seule fois, depuis le 16 décembre il ne s'est trouvé en contact avec le Comité de Guerre sans s'entendre dire : « Général, soyez prêt le 15 février et attaquez au commencement de mars, sans cela vous serez devancé par les Allemands » Si le Gouvernement veut modifier les directives de la guerre, qu'il le dise et alors il verra s'il doit obéir ou passer le Commandement à un autre ; pour le moment, il a des instructions formelles il ne peut s'en écarter... »

Il termine enfin par un coup de théâtre, il remet sa démission.

« Les interventions auprès de mes subordonnés ont porté atteinte à la confiance réciproque. Je ne travaille plus avec eux avec la même camaraderie confiante; l'exercice du Commandement dans ces conditions au moment des opérations est impossible. La situation est la même vis-à-vis du Gouvernement dont je ne sens plus la confiance unanime. »

La démission de Nivelle, loin d'alléger les responsabilités du Gouvernement les aggravait ; aussi vit-on M. Painlevé battre en retraite. M. Ribot assura le Général en Chef de la confiance du Gouvernement; M. Painlevé se fit plus pressant encore ; le Général Pétain, en bon camarade qui regrette que l'opinion que sa conscience lui a prescrit d'exprimer, ait de telles conséquences, parle du mauvais effet que cette démission produirait sur l'armée.

Enfin M. Poincaré, enchanté de voir à la tête de l'armée un Chef qui sait vouloir,invite Nivelle à reprendre sa démission, au besoin, il le lui ordonnera.

La démission est retirée.

Au moment où la séance allait être levée, M. Ribot assure de nouveau Nivelle de la confiance du Gouvernement, il lui affirme que rien n'est changé dans les directives du Gouvernement et ajoute que, bien entendu « si l'offensive ne donnait pas, à bref délai, les résultats attendus, on ne s'entêterait pas dans des attaques indéfinies comme à la bataille de la Somme.»

Ces paroles de M. Ribot ont été ainsi traduites par M. Painlevé : « Si, au bout de 48 heures, la rupture n'est pas obtenue, il n'y a plus qu'à tout arrêter. Car, à partir de là, on attaquera l'ennemi du fort au fort, on n'a plus l'avantage de la surprise ni du nombre. On ne fait plus que faire tuer du monde pour rien. »

Nivelle qui, dans son Plan primitif, échelonnait les dates des attaques des Anglais, du G. A. N. et de l'Aisne ne pouvait parler d'une bataille de 48 heures. Il ne pouvait dire que celui qui attaque avec 100 divisions franco-anglaises disponible un ennemi qui n'en a que 50 disponibles n'a plus la supériorité du nombre 48 heures après le premier coup de canon.

Une fois de plus, M. Painlevé manque de mémoire.

La nuit porte conseil. Nivelle, le 7 avril au matin, est plus décidé encore que la veille à abandonner un commandement qui n'est plus possible ; il rédige sa démission. Son camarade de l'Ecole polytechnique, M. Boudenoot, vient le voir et lui conseille de revenir sur cette décision. Le Général Pont insiste dans le même sens. Le lendemain 8 avril, M. Albert Thomas se présente comme envoyé officiel, non-seulement du Chef de l'Etat mais de tous les Membres du Gouvernement qui ont assisté aux entretiens de Compiègne, pour dire à Nivelle qu'il a la confiance de tous. Il lui affirme que le Président de la République s'est écrié : « Enfin l'armée à un chef ».

L'armée a un chef digne d'elle.

Oui, l'armée avait un chef digne d'elle. Que serait-il advenu si Nivelle avait profité du Conseil de guerre de Compiègne pour mettre sa responsabilité à l'abri et accepter de garder l'inaction.

L'armée française avait, par le Memorandum de Chantilly, convaincu les Généraux Alliés de la nécessité de faire, de bonne heure, en 1917, un grand effort. Toutes les armées de France, d'Angleterre, d'Italie et même de Russie avaient agi de leur mieux pour répondre à l'appel de Joffre.

L'Angleterre, dans les entrevues de Londres et de Calais, avait adopté nos vues ; M. Lloyd George avait réclamé, pour le bien de la cause plaidée par le Général en Chef français, un sacrifice d'amour-propre à la Grande Bretagne et au Maréchal Douglas Haig.

L'Italie bravant, dans une certaine mesure, les dangers terribles que lui faisait courir la menace du Trentin, s'était orientée vers une action sur le Carso.

Et les Généraux qui commandaient l'armée française

(1) *La Vérité*... M. Painlevé, p. 31.

réunis à Compiègne, au moment où tous ces sacrifices vont produire leurs fruits, auraient déclaré que tout cela est inutile, que tous les projets tombent à vau-l'eau, que les espoirs conçus ne sont que de vaines illusions !

Après cela, Clémenceau aurait, en 1918, pu se présenter avec un Foch, dans une main, un Castelnau dans une autre et un Joffre sur les épaules, il se serait vu éconduit.

L'armée française aurait été déshonorée par ses chefs.

M. Painlevé avait mené le pays au bord de l'abîme ; le Président de la République a vu juste, une fois de plus, en disant : « Enfin, l'armée a un chef ».

L'œuvre des tracts, des lettres infâmes, de la propagande bolchevique, qui se poursuivait depuis si longtemps et qui montrera bientôt quels dangers elle faisait courir à la patrie, aurait trouvé un milieu excellent dans nos illusions déçues pour prendre tout son essor.

Qu'on ne l'oublie pas, l'armée presque tout entière espérait la victoire à bref délai ; si la bataille avait été refusée, au lendemain de Compiègne, les imaginations se donnant libre cours, on aurait pensé qu'une influence immonde nous avait ravi une victoire certaine ; on l'aurait cru en Italie où certaines démarches étaient connues, on l'aurait dit peut-être en Angleterre, l'armée française en aurait été persuadée.

Un Gouvernement digne de ce nom, aurait dû, dès le 20 mars, ou bien donner à plein dans les vues du Général en Chef, ou bien s'il avait été persuadé que la France ne pouvait faire l'effort nécessaire, agir en conséquence.

Il aurait, alors, ouvert une Conférence à laquelle auraient été conviés les Chefs des Gouvernement alliés. Là, M. Painlevé aurait parlé des souffrances du pays, de ses fatigues, de son état d'épuisement, de son besoin de passer à d'autres la charge des batailles ou tout au moins l'impossibilité pour le pays de supporter les grands sacrifices que réclame toute « offensive à la Napoléon ».

Entre Gouvernements, la discussion eût été à sa place, elle serait restée confidentielle, c'est-à-dire que les arguments qui auraient pu produire sur le pays une vague de découragement auraient été masqués. Les Alliés se seraient peut-être inclinés, peut-être auraient-ils pris une part plus large dans les sacrifices. En tout cas, la retraite eût été honorable.

Le pays de France aurait accepté la décision. L'armée se serait inclinée respectueusement devant un Gouvernement qui prenait ses responsabilités et restait dans son rôle en déterminant la Direction à imprimer à la guerre...

Compiègne ne pouvait donner rien de bon ; sauf peut-être couvrir la responsabilité du Ministre de la Guerre en compromettant l'avenir.

VIII. — LA BATAILLE

Les ordres pour le 16 avril.

Le 4 avril 1917, le général en chef donnait ses ordres pour la bataille. A cette date la retraite des Allemands sur la ligne Hindenburg semblait nettement arrêtée et le contact avait été repris partout.

« LE BUT A ATTEINDRE RESTE LA DESTRUCTION DE LA MASSE PRINCIPALE DES FORCES ENNEMIES SUR LE FRONT OCCIDENTAL. »

« Les opérations engagées comporteront donc nécessairement :

« 1° *Une bataille prolongée* dans laquelle nos armées d'attaque devront rompre le front adverse, puis battre les disponibilités ennemies ;

« 2° une phase d'exploitation intensive à laquelle participeront toutes les forces disponibles des Alliés.

. . . .

« Le groupe des Armées d'attaque britanniques entreprendra la rupture du front ennemi entre Givenchy et Quéant...

« A l'aile droite des forces britanniques, la IVe armée liera son mouvement à celui du G. A. N. et coopérera à ses attaques.

. . . .

« Le G. A. N. attaquera d'abord la position avancée ennemie à l'Ouest et au Sud de Saint-Quentin, puis le front Harly-Alaincourt dans les conditions déterminées par des ordres particuliers.

. . . .

« Les attaques initiales du G. A. R. s'exécuteront sur le front précédemment fixé. Mais en raison du repli de l'ennemi sur la position Hindenburg, elles devront se développer principalement en direction de Guise, Vervins et Hirson.

. . . .

« La IVe armée coopérera à l'attaque principale du G.A.R. en prenant l'offensive sur un front à l'Ouest de la Suippe.

« Après avoir enlevé le massif de Moronvilliers, elle poussera immédiatement ses divisions de gauche vers le Nord de manière à venir tout d'abord border la Suippe et préparer le développement des opérations dans la direction de Vouziers et d'Attigny.

« Son action se liera avec celle de l'aile droite de la Ve armée. »

Phase d'exploitation.

. . . .

Le 9 avril de Hénin à Givenchy, sur un front d'environ 40 kilomètres, le Maréchal Douglas Haig commençait une attaque qui donnait par endroits de beaux succès et une avance de six kilomètres en profondeur. La formidable crête de Vimy était enlevée, Liévin dépassé. Le combat se continuait les jours suivants avec une extrême violence, aux attaques anglaises ripostaient les contre-attaques allemandes.

Le Plan d'opération de Nivelle recevait sa consécration puisqu'une usure intense des réserves allemandes se poursuivait chaque jour. Des 18 Divisions que le prince héritier de Bavière tenait en réserve derrière le front Nord, aucune certainement ne pourrait être dirigée sur l'Aisne et s'opposer à nos progrès, si progrès il y avait.

Le Maréchal Douglas Haig, qui avait fait tant de difficultés avant de se lancer dans une offensive face à l'Est, y allait maintenant à plein. Pour la première fois depuis le début de la campagne, la « petite armée du Maréchal French » se montrait réellement forte sur le champ de bataille et capable, sans tutelle d'aucune sorte, de mener une grande bataille.

Les réserves anglaises étaient nombreuses, le combat d'usure ne menaçait pas de manquer de souffle ; l'honneur français commandait d'entamer la bataille de l'Aisne sans le moindre retard, or, la date fixée était le 14 avril. Toute journée de recul pour le commencement de cette offensive était un abandon de nos Alliés au moment où ils étaient en situation critique.

Cependant le temps était exécrable, la préparation d'artillerie ne donnait pas tout le rendement qu'on en espérait; il y avait cas de force majeure et Nivelle ne crut pas avoir manqué d'esprit de solidarité en accordant, par deux fois, un délai supplémentaire au G. A. R. dans le déclenchement de l'attaque. La bataille de l'Aisne fut remise au 16, alors qu'il avait été entendu qu'elle commencerait à la date du 14 avril.

Il y a lieu de remarquer, dès maintenant, pour fixer les responsabilités, que si le Gouvernement doit se cantonner dans la Direction de la guerre, le Général en Chef doit, de son côté, laisser aux Généraux commandant les Groupes d'armées une large part d'initiative et, par conséquent aussi de responsabilité.

Le haut Commandement avait réparti les missions, distribué les moyens, constitué les liaisons ; en un mot mis les exécutants à pied d'œuvre. Ces exécutants prenant alors en main leurs ressources avaient à en faire usage.

Quand le Général Micheler, chef de Mangin, fait connaître au Général en Chef que le travail de préparation de l'attaque de la VIe armée est incomplet, un délai d'une journée est accordé ; il aurait ajouté ainsi délai à délai jusqu'au moment où le Maréchal Douglas Haig aurait fait connaître qu'il ne pouvait plus demeurer seul à livrer bataille; alors, coûte que coûte, il aurait fallu se battre sur l'Aisne et devant Reims.

Les Commandants des VIe et V^e armées ne pouvaient d'ailleurs abuser de la facilité avec laquelle le Général en Chef faisait droit à leur demande de retarder l'échéance de l'attaque car tout retard était énervant pour les troupes placées à pied d'œuvre et éreintant pour une artillerie qui poursuivait un travail intense du matin au soir et du soir au matin.

La date du 16 avril demandée et accordée convint à tous. Autant que ces choses-là peuvent se savoir, la préparation par l'artillerie semblait complète aux exécutants quand le lâchez-tout fut prononcé.

Si la préparation a été insuffisamment faite, si un jour de bombardement en plus aurait été nécessaire, la responsabilité n'en est pas imputable à Nivelle, puisque cette journée supplémentaire, ne lui a pas été demandée.

Graduation dans la puissance des attaques.

Le Maréchal Douglas Haig avait à sa disposition pour son front d'attaque les IIIe et 1re armées et la presque totalité de la Ve armée rendue libre par le recul des Allemands sur la ligne Hindenburg.

Plus au sud, jusqu'au N.-E. de Saint-Quentin, le Maréchal avait disposé sa IVe armée. Cette armée ne formait guère qu'un rideau, une troupe de liaison; mais elle ne devait pas rester inactive; trop faible pour entreprendre de grandes opérations, elle devait être assez agissante pour retenir devant elle des forces égales aux siennes, sinon plus. De là l'ordre: « à l'aile droite des forces britanniques, la IVe armée liera son mouvement à celui du G. A. N. et coopérera à ses attaques ».

Plus au Sud, de la région de Saint-Quentin à celle de Coucy-le-Château, était le G. A. N.

Ce Groupe d'armées avait été dépouillé tout d'abord de la Xe armée qui était passée au G. A. R. Ensuite, de sa Ire armée qui, par ordre du 27 mars, avait été constituée à quatre corps d'armée (1er-10e-14e-21e) et porté en réserve générale à la disposition exclusive du général en chef, au sud du G. A. R.

Aussi, au moment où la bataille s'engage, le G. A. N. ne comprend-il plus que l'armée du Général Humbert, armée très peu dotée en matériel puisque ce matériel a été transporté sur l'Aisne.

Habileté du général Humbert à Saint-Quentin.

Le Général en Chef, dans son ordre du 4 avril 1917, disait bien: « Le G. A. N. attaquera d'abord la position avancée... » mais l'intensité et la forme d'une attaque dépendent des moyens attribués à l'attaque.

Le Général Humbert, Commandant de la IIIe armée, ne s'y est pas trompé.

Pour un front total d'environ 50 kilomètres, il a le 13e corps, à cheval sur la Somme, avec deux divisions en première ligne et une Division en réserve d'armée. Plus au sud, jusqu'à Moy, il a deux divisions du 35e corps.

C'est donc pour environ 22 à 23 kilomètres, cinq divisions, dont une doit, par ordre supérieur, ne pas être mise sur le front, mais demeurer disponible.

D'Alaincourt à La Fère, la garde du front est confiée à la 53e division, du 35e corps ; et enfin de l'Oise à la VIe armée, le général Humbert dispose des 3 divisions du 33e corps; à la condition cependant de maintenir en réserve des effectifs importants de ce corps d'armée.

Le général Humbert n'a donc que les forces indispensables pour résister aux tentatives que fera peut-être l'ennemi pour crever son front et tuer dans l'œuf notre offensive; d'autre part, il doit donner à l'ennemi l'impression du danger pour que celui-ci ne porte pas ses effectifs sur l'Aisne.

On ne doit pas oublier que le kronprinz a 21 divisions disponibles dans la région Saint-Quentin-Rethel-Laon ; s'il jette tout ou une grande partie de ces divisions sur le front du G. A. N., il passera et pourra alors manœuvrer soit de manière à prendre la VIe armée à revers par son aile gauche, soit les armées anglaises par leur aile droite.

La situation de la IIIe armée est extrêmement délicate et il faut toute la haute valeur du général Humbert pour y faire face. On sait quel rôle brillant ce général a joué, en mars 1918, à l'est d'Amiens où, avec des débris de troupes, il a barré la route aux Allemands. Les 13 et 14 avril 1917, il a donné les preuves d'une valeur qui ne s'est pas démentie depuis le début de la campagne jusqu'à la fin.

Pourquoi M. Painlevé veut-il faire passer ce brillant général pour un vaincu? Est-ce parce qu'il a remplacé le général Sarrail, à la IIIe armée, en Argonne, et tenu tête au kronprinz quand son prédécesseur s'était fait battre?

Ou bien est-ce un parti-pris pour affirmer que tous les ordres de Nivelle ne pouvaient produire que des échecs? (1)

Le général Humbert fait une « reconnaissance offensive » sur Saint-Quentin les 13 et 14 avril. Si l'ennemi a dégarni son front pour renforcer l'Aisne, on passera. Si l'ennemi a des velléités de le faire, la manœuvre des 13 et 14 lui enlèvera ces velléités. Si l'ennemi prépare une forte attaque, on le saura en faisant causer les prisonniers qui seront ramassés pendant l'opération. S'il est en force et ne

(1) Voir : *La Vérité....* dans *La Renaissance*, p. 37. L'échec de l'attaque de Saint-Quentin.

songe qu'à se défendre, tout sera pour le mieux et on n'en demandera pas davantage.

L'attaque a lieu ; elle fait connaître que l'ennemi occupe fortement ses tranchées, qu'il y a une nombreuse artillerie, mais qu'il ne cherche qu'à se défendre.

Les volontés du Commandement sont remplies. Aussi, le 14 avril à 15 h. 05, le général en chef télégraphie-t-il au général commandant le G. A. N. : « Témoignez ma satisfaction aux troupes qui ont « brillamment effectué la reconnaissance offensive des positions de Saint-Quentin. »

La IIIe armée ne peut faire plus, tant que la débâcle ne commencera pas à se manifester chez l'ennemi ; aussi Nivelle fait-il connaître qu'il ne pourra accroître la dotation en A. L. du G. A. N., tant que les opérations du G. A. R. n'auront pas fourni de résultats : « Vous avez jusqu'au 19 ou 20 pour vous porter à l'attaque de la ligne Hindenburg. »

Attributs du chef et des chefs subordonnés.

Celui qui commande en chef est plutôt un organisateur qu'un exécutant. Quand Moltke eut amené, le 17 août 1870 au soir, son armée au contact de celle de Bazaine, son rôle a été momentanément fini, il a passé la main à ses chefs d'armée. Nivelle ne peut faire autre chose.

Le 16, au matin, tout s'harmonise dans son plan de bataille. Depuis une semaine, les Britanniques usent l'ennemi de façon intense, le G. A. N. retient en face de lui des effectifs importants et plus à droite, sur l'Aisne, on se déclare en mesure d'attaquer.

Le G. A. R. est abondamment pourvu de troupes, de matériel, de projectiles. Il y a, du G. A. N. à l'est de Moronvilliers, 1.200.000 hommes en bonne forme et avides de bataille : « Assaut admirable et frénétique! Jamais nos soldats n'avaient fait preuve d'un plus magnifique élan! » (1)

Mettre les troupes en confiance est un des attributs du général en chef. Il est permis d'affirmer qu'il en eût été de même chez les chefs si le Ministre de la Guerre avait su chanter victoire après la retraite allemande sur Saint-Quentin, s'il n'avait pas fait germer le pessimisme dans des âmes qu'émeut fatalement les grandes responsabilités qui s'annoncent et qui ont besoin d'être soutenues par la confiance de ceux qui planent au-dessus d'eux.

Le Groupe d'armée de réserve avait deux armées en première ligne, déployées sur le front de l'Aisne, cet ancien front de la Ve armée sur lequel Joffre avait envisagé sa seconde bataille.

Pendant que se dépensaient les forces françaises et les forces allemandes à Verdun et sur la Somme, le général Mazel, commandant de la Ve armée, avait tenu tout le front de Soissons à Reims, c'est-à-dire environ 90 kilomètres. Il ne formait alors qu'un mince cordon avec des troupes revenues de la bataille et ayant besoin de se refaire. Il n'y avait pas de grands dangers à courir à n'avoir là qu'une sorte de ligne de surveillance, puisque l'ennemi s'épuisait à Verdun et sur la Somme. Mais quand s'éteignent les batailles de Verdun et de la Somme, l'ennemi acquiert des disponibilités et devient dangereux.

Alors, le front de la Ve armée se rétrécit, la VIe armée se constitue à sa gauche, une armée nouvelle, la Xe, se crée en arrière ; une autre armée, la Ire, survient, de sorte que le mince cordon d'octobre 1916 devient le formidable marteau-pilon qui écrasera l'ennemi.

Pendant toute la campagne, il y a comme cela des flux et des reflux de troupes ; malheur à celui qui se laisse prévenir par la concentration des forces de l'ennemi avant d'avoir mis en face de fortes densités de troupes.

Nivelle n'avait pu obtenir de corps d'armée nouveaux du Gouvernement, il n'y avait pas de ressources pour le faire; il lui avait fallu courir des risques, dégarnir non seulement le front du G. A. N., mais aussi celui de Verdun, toute la région de la Meuse à la Suisse, pour arriver à former son marteau-pilon. Il y avait eu un travail de doigté, d'opportunité qui aboutissait à bonne fin, puisque l'ennemi avait laissé faire.

Le 15 février, les Allemands avaient attaqué le front du général Pétain et infligé un échec à la IVe armée. Mais cet échec de Maisons-de-Champagne n'avait été que local et Nivelle, bien qu'il en ait eu un moment l'intention, n'avait pas réagi afin de ne pas se laisser détourner de son objectif.

Plan d'attaque aux mains de l'ennemi.

Le 4 avril, les Allemands tentèrent, dans la région du Godat, une opération analogue à celle qui leur avait si bien réussi à Maisons-de-Champagne, ils lancèrent, au point de jonction de nos 32e et 2e corps, une attaque sur un front de 3 kilomètres ; ils éprouvèrent là de fortes pertes, mais ils ramassèrent le plan d'engagement du VIIe corps d'armée.

Un général de division pratiquant en temps de guerre les déplorables procédés qui étaient habituels au temps de paix, pendant nos grandes manœuvres, avait communiqué à ses chefs de bataillon le plan d'engagement de sa division. Dans ce plan d'engagement se trouvaient des données très précises sur le rôle de la 37e division et des indications sur la manœuvre des 7e et 32e corps.

Le commandant du 5e bataillon du 3e régiment de zouaves, voyant venir une attaque, veut mettre ces documents en sûreté et charge un sergent-major de les porter en arrière. Ce sergent-major est tué et reste sur le terrain.

L'ennemi progresse, arrive à l'endroit où est le sergent-major et ramasse la sacoche. Une contre-attaque repousse l'ennemi avec pertes ; on retrouve le cadavre du sergent-major, mais pas la sacoche. Le commandant, désolé, rend compte ; il cherchera la mort le 16 avril et tombera grièvement blessé au cours d'une glorieuse attaque.

Le 6 avril, le général Mazel est prévenu du fait, il fait prendre une sanction contre les auteurs de cette grave faute et fait étudier une variante pour l'attaque de Brimont.

Le même jour, il en rend compte au général Micheler.

Le général de Bazelaire (commandant du VIIe corps) ordonne une variante : « Dans le cas où la 14e division rencontrerait des résistances ou se heurterait à des contre-attaques qui retarderaient son mouvement, la 41e division prendrait à son compte l'enlèvement du massif de Brimont. »

« Le régiment-réserve de C. A., dont l'avant-garde... »

L'agence Wolf fait, le 19 avril, beaucoup de bruit sur la capture de ce document et M. Painlevé en prend prétexte pour une levée de boucliers contre le général Nivelle, qui n'était cependant pour rien dans l'affaire.

(1) *Nos gouvernements de guerre*. M. Marcel Laurent, p. 115.

Il faut remettre les choses au point. Le 4 avril, les ordres prescrivaient de faire l'attaque le 14. Ce n'est que le 10 avril que l'autorisation d'attaquer le 15 fut donnée. Le 13 avril, un nouveau retard est autorisé et l'attaque reportée au 16.

Donc, l'ennemi est induit en erreur par les papiers capturés qui annoncent pour le 14 une attaque qui se produit le 16. D'autre part, le général commandant le VIIe corps a établi une variante.

Une bataille comme celle qui fut livrée demande des mois de préparation et ce n'est pas en quelques jours que la contre-préparation peut-être improvisée.

Prétendre qu'à cause de la capture de ce document, il fallait renoncer à attaquer la région entre Aisne et Reims est une étrange conception. Affirmer que « l'incident n'a été révélé *au Gouvernement* qu'après le 16 avril », est dire que le Gouvernement se mêlait de détails qui ne le regardaient pas. Qu'aurait fait M. Painlevé ? Reporté la bataille en Lorraine, ou laissé le maréchal Douglas Haig se battre tout seul, ou signé la paix ?...

Le 24 août 1914, à Avioth, au nord de Montmédy, un lieutenant du 18e bataillon de chasseurs tue un officier d'état-major allemand et blesse l'automobiliste qui parvient à s'échapper.

Dans la sacoche de ce commandant d'état-major, on trouve les ordres de l'armée du duc de Wurtemberg et des indications sur les mouvements de la droite de l'armée du kronprinz. Ces ordres font connaître l'ordre de bataille de la IVe armée allemande pour le passage de la Chiers — le 26 août — et pour le passage de la Meuse le 27 août.

Quelques heures plus tard, une patrouille allemande s'empare d'une voiture d'ambulance; l'officier commandant cette patrouille s'assure qu'il n'y a que des blessés, laisse repartir la voiture et recommande, la menace à la bouche, qu'on ait soin du commandant qu'il croit blessé seulement. On sait donc au Quartier Général de l'armée allemande que les ordres sont entre nos mains.

— Nous avons défendu le passage de la Meuse et utilisé, bien entendu, les renseignements recueillis. Rien n'a été changé par les Allemands dans leur plan d'attaque ; parce que nous ne pouvions faire naître des armées que nous n'avions pas et parce que les Allemands, qui avaient la force avaient les moyens de nous imposer leur plan, même connu de nous.

Le 13 septembre 1914, au nord de Sainte-Menehould, à Saint-Thomas, une manœuvre hardie du 72e, nous rend brusquement maîtres des hauteurs de la Grurie ; ce régiment prend sur le cadavre d'un officier d'état-major le plan d'organisation de la région où va commencer la guerre de tranchées. Pour s'opposer à ces projets, le 2e corps d'armée pousse les attaques les plus énergiques en vue de déboucher au nord des bois de la Grurie, mais il s'y casse les dents faute d'effectifs suffisants. Savoir est beaucoup, mais pouvoir est autre chose.

Quand le kronprinz se disposait à bourrer sur Verdun, des déserteurs allemands, en grand nombre, sont venus dans nos rangs et nous ont donné des détails précis. Le général Herr n'a pas été pris à l'improviste par l'attaque, puisqu'il savait qu'elle venait, il a été surpris cependant, puisqu'il n'a pas eu sous la main les forces nécessaires pour briser cette attaque quand elle s'est produite.

Sans parler des documents de Salonique, on multiplierait à l'infini les cas où des indiscrétions ont divulgué à l'un ou à l'autre le péril qui le menaçait. L'affaire du sergent-major est une des moins graves. Elle pouvait préoccuper le commandant de l'armée et le général Micheler, mais le Gouvernement n'aurait pas eu à la connaître si, comme en Angleterre, le Gouvernement s'était maintenu à sa place.

Le général Mangin ménager du sang de ses soldats.

L'attaque du G. A. R., retardée par deux fois, n'a lieu que lorsqu'elle est supposée en bonne forme. La VIe armée ne bourre pas aveuglément devant elle ; elle manœuvre et manœuvre bien, puisque le fort de Condé, — pilier de la ligne Hindenburg — tombera comme un fruit mûr sous la convergence des efforts du 1er corps d'armée colonial et du 6e corps d'armée. Le chef ménage ainsi le sang de ses soldats.

Le général Mangin se félicite de ce que les Allemands ont abandonné le voisinage de Soissons, pour adopter un nouveau front à Laffaux, parce que cela lui permet de prendre à la fois de front et d'enfilade la forte position du Chemin-des-Dames.

Le Ier corps d'armée colonial attaque à cheval sur le Canal de l'Aisne à l'Oise et par la route de Soissons à Laon.

La VIe C. A. attaque à l'est de Soupir, laissant entre lui et le 1er C. A. C. le fort de Condé et la forte position de Vailly que des troupes territoriales surveilleront.

Plus à droite, au nord de l'Aisne, vers Chivy, c'est le 20e corps ; ensuite vient le 2e C. A. C.

A la droite de la VIe armée est la Ve armée : général Mazel, dont le 1er C. A. a pour objectif Craonne et dont la gauche se lie à Hurtebise au 2e C. A. C. Puis le 5e C. A. attaque avec objectif : La Ville-au-Bois, Juvincourt. Ensuite le 32e C. A., une division, entre Miette et Aisne et deux divisions au sud de l'Aisne, en liaison avec le 7e corps, dont une brigade russe forme la droite au sud du fort de Brimont.

Plus à droite encore est le 38e corps d'armée à Reims.

Les VIe et V^e armées attaquent le 16 avril ; la IVe armée, général Anthoine, ne commencera ses attaques que le 17 avril.

Densités des forces.

D'après les ordres du général en chef, la Xe armée ne devait pas participer à l'attaque, mais seulement à l'exploitation du succès obtenu. Elle se glisserait donc vers Hurtebise, entre les VIe et V^e armées qui élargiraient la brèche en se rabattant l'une vers l'Ouest et l'autre vers l'Est.

D'une manière générale, il y avait une pièce de 75 pour 35 mètres de front ;

Une pièce de tranchée pour 33 mètres de front;

Une pièce d'A. L. courte pour 82 mètres de front;

Une pièce d'A. L. longue pour 42 mètres de front.

Soit une pièce environ pour 9 ou 10 mètres du front d'attaque.

Les munitions comportaient sept jours de feu, savoir cinq jours pour la préparation et deux jours pour l'attaque, mais les contre-batteries avaient dix jours de feu, et le G. A. R. disposait en plus de ressources considérables.

Le front d'attaque moyen des divisions était inférieur à 2.500 mètres.

Le temps a été très mauvais : brouillard et neige les 5, 9, 10 avril ; favorable le 6 et le 8 ; bon le 14 ; le 15, il fut bon dans la matinée, mais pluvieux dans la soirée. En somme, les avions purent travailler dans de bonnes conditions les 6 et 8 avril, le 14 fut la meilleure journée, la matinée du 15 leur fut favorable.

Des moyens puissants en personnel et en matériel furent donnés par le général en chef au général commandant le groupe d'armées de réserve et quand ce groupe partit à l'attaque, le maréchal Douglas Haig et le général Humbert avaient contribué grandement à faciliter sa tâche.

IX. — LE BUT. LES PROCÉDÉS

Le but à atteindre est la destruction des armées ennemies.

Dès le 21 décembre 1916, Nivelle déclare dans ses ordres que le but à poursuivre est la DESTRUCTION DES ARMÉES ENNEMIES. Il le dit au maréchal Douglas Haig, au Comité de Guerre français, au général Micheler, au G. A. N. (30 et 31 décembre), au général Cadorna (9 février). Il le répète enfin le 4 avril 1917 dans la directive reproduite au paragraphe précédent.

L'état-major allemand se rend compte, à la fin de février, que le plan, que dénoncent nos travaux et les bavardages de l'arrière, peut entraîner la perte des armées allemandes. Il cède près de 3.000 kilomètres carrés de terrain pour sauver ses soldats.

Si Nivelle avait seulement voulu gagner du terrain, il aurait pu, dès lors, se croiser les bras et dire que nul avant lui, depuis l'Yser, n'avait obtenu le dizième de ce qu'il venait de rendre à la France.

Mais il veut la destruction de l'armée allemande. Pour y arriver, il s'est assuré de la coopération énergique du maréchal Douglas Haig et a réuni des forces françaises considérables sur l'Aisne.

La victoire stratégique est obtenue, dès le 15 avril 1917, puisque l'ennemi n'a pu prendre l'initiative des opérations, ni troubler la formation des deux masses qui chercheront la destruction.

Les Allemands qui ont cédé de vastes espaces de terrain en mars, peuvent avoir recours au même procédé en avril, car en arrière, les lignes de défense ne manquent pas. Ils peuvent aussi résister sur place, puisqu'on leur connaît des disponibilités.

En présence de ces deux hypothèses, quel procédé emploiera Nivelle pour arriver à son but : Détruire les forces allemandes ?

Grignoter.

Va-t-il grignoter? S'il le fait, il gagnera quelques hectares de terrain, fera perdre à l'ennemi quelques bataillons et en perdra davantage, car le terrain qu'on a enlevé est toujours destiné à être un nid à obus.

Va-t-il limiter ses espérances de succès à la prise d'un espace de terrain restreint en profondeur et en largeur. C'est du grignotage sur une plus vaste échelle, mais les inconvénients de ce procédé sont les mêmes que précédemment. Cela use l'ennemi, mais moins vite que ne peuvent se faire les reconstitutions des unités endommagées. Cela ne mène à rien.

La Somme.

Va-t-il renouveler Verdun et la Somme?

La simultanéité des opérations sur Verdun et la Somme a produit une usure considérable de l'ennemi, mais cette usure pouvait être réparée presque au fur et à mesure des pertes.

La grande bataille ininterrompue.

L'inconvénient grave des batailles de Verdun et de la Somme réside dans l'exiguïté des fronts d'attaque et dans l'intermittence des combats. Nivelle élargira le champ de bataille et s'efforcera d'éviter les intervalles entre combats successifs.

Le maréchal Douglas Haig prend un front de bataille de 40 kilomètres vers Arras, et Nivelle un front de bataille de 80 kilomètres sur l'Aisne et à Reims.

Pour ce qui est de la continuité de la lutte, il l'envisage ainsi : Sur tout le front, pendant cinq jours, l'artillerie, à raison d'une pièce environ tous les 9 ou 10 mètres, bombardera tout le champ de bataille, en largeur et en profondeur, de manière non seulement à endommager tranchées et abris, mais aussi de façon à détruire ou faire taire les batteries ennemies placées près du terrain de lutte.

Le jour de l'attaque, un feu roulant d'artillerie viendra se placer devant nos troupes d'assaut et s'avancera comme un char d'assaut en profondeur, à la vitesse de marche de cette troupe d'assaut (100 mètres toutes les trois minutes), jusqu'aux batteries allemandes, de manière à ce qu'on puisse mettre la main dessus.

La profondeur de l'assaut est grande, dira-t-on. Pourquoi ne pas se contenter de prendre d'abord la première ligne, puis de préparer l'assaut de la seconde...?

La raison est connue. Quand les assaillants se sont entassés dans la première ligne et en retournent les tranchées face à l'ennemi, ils sont pilonnés par les batteries ennemies et subissent des pertes qui dépassent celles de l'assaut. La première ligne est souvent un piège plutôt qu'une conquête.

On doit donc essayer d'enlever en une fois, la première, la seconde, la troisième ligne d'une position et pénétrer jusqu'aux batteries ennemies. Quand on tiendra les batteries, l'ennemi sera momentanément désarmé ; s'il contre-attaque, il le fera dans des conditions très onéreuses.

Est-ce possible? Oui, Pétain y est parvenu à Carency, Nivelle l'a fait à Quennevières, il l'a renouvelé par deux fois à Verdun avec Mangin; et le général Douglas Haig a réussi la chose en quelques endroits à Vimy. Les Allemands le feront en 1918.

Pourquoi ce feu roulant qui s'avance à son allure sans se préoccuper de savoir si les fantassins suivent?

Le procédé est médiocre, il n'y a pas de doutes à avoir à ce sujet, mais souvent il n'y en a pas d'autres. Les téléphones sont coupés, les pigeons voyageurs ne rendent rien, les agents de liaison sont tués, les petits fanions ne se voient pas M. Painlevé prône les « fusées signalétiques » sorties du Ministère des Inventions, mais on sait que le Ministre des Inventions ne s'occupait que d'inventer un successeur à Joffre et qu'il ne croyait pas lui-même à la valeur de ce qui sortait de sa boutique, qu'il avait installée d'ailleurs, pour ne tromper la bonne foi de personne, au « Petit Saint-Thomas ».

L'attaque devait donc suivre ce barrage d'obus, déboucher dans un terrain libre, élargir la brèche en se rabattant: la VIe armée vers l'Ouest et la Ve armée vers l'Est.

Ensuite, la Xe armée passant par la brèche serait allée s'opposer aux contre-attaques stratégiques que ne manquerait pas de faire l'ennemi.

Nivelle aurait pu se contenter de porter à la brèche et de tenir disponible une armée d'exploitation sans dire à l'avance à quelles directives obéirait cette armée d'exploitation. Alors ses critiqueurs ne se seraient pas hypnotisés sur des noms de villes.

Les « fatigués » et leur ministre n'ont pas lu le premier paragraphe des ordres de Nivelle : « Le but à atteindre reste la destruction de la masse principale des forces ennemies » ; ils n'ont pas connu le travail fait au premier bureau du G. Q. G., qui escomptait une bataille de cinq mois et les pertes élevées qui en résulteraient. Ils ont vu Guise, Rethel, la Sambre, un gain de terrain et cela seulement.

L'ennemi joue son va-tout.

Le 16 avril, la bataille s'engage, l'ennemi a résolu, non pas de combattre en retraite de position en position, non pas d'offrir des résistances successives, mais de mettre tout son monde à la bataille pour y vaincre ou mourir. La grande bataille de cinq mois qui avait été envisagée en sera abrégée. Au lieu de la lutte pied à pied que Foch mènera de juillet à novembre 1918, c'est une bataille qui aura lieu près d'Arras. Vimy d'une part, sur l'Aisne de l'autre, jusqu'à ce que l'armée allemande étant épuisée, la débâcle se produise.

Le procédé envisagé par Nivelle était une rupture rapide suivie d'une exploitation laborieuse faite contre des disponibilités restantes nombreuses. Au lieu de cela, ce sera une bataille d'usure complète des forces allemandes, puis la rupture ; après cela, il n'y aura plus personne à combattre et la marche vers le Rhin sera rapide.

Au lieu de répartir les pertes sur cinq mois, elles se feront plus brutales, mais vraisemblablement moins fortes dans le total, puisque de nouveaux contingents n'auront pas le temps de se créer.

Nulle part, dans les 107 pages de *La Vérité sur l'Offensive du 16 avril*, on ne voit indiqué : « Le but à atteindre reste la destruction de la masse principale... »

On y parle de lignes, de fusées, de positions, de temps, de gains de terrain, de pertes..., de procédés de Pétain, de Foch, de Nivelle..., mais du but à atteindre, il n'en est pas question.

On a voulu « limoger » Foch à cause de sa conduite à la Somme, on lui aurait tressé des couronnes de lauriers si on avait envisagé, avant de le condamner, le but qu'il poursuivait. Aujourd'hui, on veut contester la gloire acquise en mars et avril, parce que Mangin, Anthoine et Mazel n'ont pas gagné en profondeur 6 kilomètres les 16 et 17 avril.

Le but à atteindre est la destruction de la masse principale ennemie.

En mars 1917, en face de Roye, on n'a pas rencontré la masse principale ennemie, elle a fui vers Saint-Quentin.

Les 16 et 17 avril, le maréchal Douglas Haig, le général Micheler, le général Pétain la rencontrent, l'attaquent et elle résiste. C'est un succès, puisque c'est la bataille cherchée.

Cette masse s'offre aux coups, alors que son artillerie est très inférieure à la nôtre, et elle n'a pas, à beaucoup près, pour s'alimenter, les réserves que Français et Anglais ont sous la main.

Le 16 avril.

Le 16 avril, à 6 heures du matin, l'assaut est lancé, les troupes partent magnifiquement derrière la vague de projectiles d'artillerie qui déferle à pas lents sur l'ennemi, frappant d'abord sur la première ligne, puis sur la deuxième, puis plus en arrière, continuant sa marche aveugle comme un mouvement d'horlogerie, comme cela s'était passé à Verdun le 15 décembre 1916.

L'infanterie avance quand elle peut le faire, là elle gagne du terrain vers le Chemin-des-Dames, franchit les premières lignes, mais sa marche est lente et la vague d'artillerie conserve son allure. Le mauvais temps a annihilé, par endroits, les effets de préparation et les fantassins abandonnés par la vague qui continue sa marche sont arrêtés par des mitrailleuses allemandes.

Le travail de contre-batteries a été bien exécuté, puisque l'artillerie ennemie réagit peu, mais les mitrailleuses allemandes se montrent partout et condamnent les fantassins à stopper.

« Dès huit heures, les troupes du général Mazel étaient maîtresses de toute la première ligne ennemie, qu'elles dépassaient même de trois kilomètres en deux points. Par contre, leur attaque avait échoué devant les hauteurs de Craonne et elles n'avaient pu déboucher de la crête de Sapigneul. Le mont Spin pris et repris était le théâtre d'une lutte acharnée...

« La VIe armée avait, à 7 h. 45, franchi le Chemin-des-Dames et pénétré dans le ravin d'Ailles. Elle occupait le bois Brouze, livrait un violent combat dans celui du Paradis, progressait un moment jusqu'à l'ancienne carrière souterraine, située au sud de la Cour-Soupir, mais devait bientôt reculer sur ce point. Elle avait attaqué Chavonne, enlevé le mont des Singes et le plateau de la ferme Molay, pris, dépassé, puis abandonné Laffaux. » (1)

Le Général en chef, pendant la journée du 16 avril, est à Compiègne où lui parviennent sans cesse des télégrammes plus ou moins contradictoires. A 11 heures du soir, il prend le train et se rend en gare de Dormans, où il arrive au petit jour. Il se rend en automobile à Savigny-sur-Ardre, au P. C. du général Micheler.

Les objectifs successifs et la persistance vers le même but.

Il prend une connaissance complète de la situation, et à 10 h. 30, il donne ses ordres :

P. C. Savigny, 17 avril 1917, 10 h. 30.

Commandant en chef à G. A. R.,

I. *La bataille engagée hier a nettement montré l'intention qu'a l'ennemi de tenir ferme sur le front de la VIe armée et de rendre, par suite, difficiles et coûteux les progrès de votre groupe d'armées vers le Nord.*

II. *C'est donc actuellement vers le Nord-Est que doit s'exercer votre effort en partant de la base qui vous est assurée par les progrès de la Ve armée.*

III. *Sur le front de la VIe armée, bornez-vous à faire terminer et consolider la conquête des hauteurs sud de l'Ailette, afin d'assurer définitivement notre établissement au nord de l'Aisne.*

Signé : R. NIVELLE.

(1) *La Bataille de l'Aisne*, Lieutenant-Colonel Rousset, p. 71 et 72.

Il n'y a aucun fléchissement dans la volonté du général en chef ; il y a une décision nette, prise rapidement, laissant à l'exécutant, le général Micheler, la large part d'initiative qui revient à un chef qui a trois armées sous ses ordres.

Après avoir réglé quelques questions de détail, le général en chef regagnait son train à Dormans (13 h. 15), d'où il partait pour Châlons et de là pour Livry-sur-Vesle, au P. C. du commandant de la IVe armée.

La IVe armée avait attaqué dans la matinée le Massif de Moronvilliers. Le Général en chef s'entretenait là avec les généraux Pétain et Anthoine et repartait à Dormans, où il rédigeait un ordre d'exécution concernant ce qui avait été convenu dans l'entretien.

Dormans, 17 avril 1917, 21 h. 45.

Général en chef à État-major, Châlons-Saint-Jacques.

I. *Je mets à votre disposition le 10e corps à trois divisions, pour exploiter, le cas échéant, les avances réalisées aujourd'hui, à la IVe armée.*

II. *Vous aurez à me rendre ultérieurement, quand il vous sera possible, un nombre correspondant de divisions fatiguées et un E.-M. de corps d'armée.*

III. *Il est bien entendu que vous devez non seulement maintenir le terrain conquis, mais poursuivre votre offensive dans le cadre où elle a débuté.*

Signé : NIVELLE.

Dans cette journée du 17, la Ve armée progresse sur les hauteurs voisines de Craonne et écrase une contre-attaque allemande dirigée contre la brigade russe à la droite de l'armée.

La VIe armée a combattu toute la nuit au mont des Singes et dans la journée elle accentue ses progrès vers la Cour Soupir et vers Braye-en-Laonnois.

La VIe armée, entrée en action dans la matinée, enlève la première position allemande, par endroits la seconde et fait 2.500 prisonniers.

La bataille avait pris son entier développement ; il n'y avait nulle part rupture du front, mais partout un vigoureux accrochage.

Dans une bataille en rase campagne, comme à Saint-Privat, par exemple, toutes les forces du plus faible se dépenseraient pour résister aux attaques de front du plus fort ; ensuite, le plus fort ayant encore des disponibilités quand le faible n'en a plus, interviendrait sur une aile. Ici, où il n'y a pas d'aile, c'est par usure du front, amincissement de la densité des défenseurs du front, que se produira l'événement qui décidera du succès de la bataille.

Il faut donc continuer l'attaque sur tout le front, anglais et français, en n'interrompant les opérations que pendant le temps strictement nécessaire aux déplacements d'artillerie.

Il ne peut plus être question, pour le moment, d'une vague de projectiles marchant à tant de mètres à la minute, mais d'un pilonnage des positions où l'ennemi est fixé ; la liaison est possible entre artillerie et infanterie, puisque la stabilité a succédé au mouvement.

Le procédé change encore, dira-t-on ? Mais oui, cela prouve la faculté d'adaptation des chefs aux situations, cependant c'est toujours la même chose qui est recherchée : la destruction de la masse principale de l'ennemi.

Le général Mangin, avec autant de clairvoyance que de fermeté, donne à ses commandants de corps d'armée des instructions sur la tactique à observer pour réduire les effets des mitrailleuses ennemies qui ont paralysé notre offensive.

La bataille continue acharnée. Les Allemands du fort de Condé et de Vailly, pris entre les attaques du 1er corps colonial, faites par la route de Soissons à Laon et celles du VIe corps sur Soupir, n'estiment plus leur position tenable et se replient vers le Chemin-des-Dames.

La ténacité du commandant de la VIe armée a sa récompense, la bataille se continue dans de bonnes conditions.

Dans cette journée du 18, le général en chef voit à Jonchery le général Mazel, à Merval le général Mangin.

L'usure précédera la rupture.

Il est parfaitement au courant de la situation quand, le 19, il reçoit à Compiègne la visite du Ministre de la Guerre.

La Ve armée a gagné quelque terrain, mais l'événement de la journée a été l'échec d'une attaque allemande faite à 16 heures, par une force évaluée à deux divisions, entre l'Aisne et Juvincourt. Cette force ennemie, prise sous nos canons, arrive disjointe, jusque sous nos baïonnettes et nos mitrailleuses, et reflue vers son point de départ, après avoir couvert le terrain de ses blessés et de ses morts.

L'usure se poursuit de façon intense. Le général Micheler adresse ses félicitations à la Ve armée pour les résultats obtenus.

La journée du 19 est encore une journée de grande bataille, il fait beau temps, la VIe armée, toujours vigoureusement conduite, pousse par Laffaux et Braye et investit la position allemande du Chemin-des-Dames. Toute la rive droite de l'Aisne est dégagée d'ennemis, nous sommes dans de bonnes conditions pour préparer de nouvelles attaques qui jetteront l'ennemi dans la vallée de l'Ailette.

A la Ve armée, de vigoureuses attaques, mont Spin-Brimont, sont lancées, elles réussissent tout d'abord, mais sont ramenées par de puissantes contre-attaques.

La IVe armée a lutté toute la nuit du 18 au 19 sur ses positions de Moronvilliers contre les attaques ennemies, elle a reperdu quelque peu du terrain gagné, mais infligé de fortes pertes à l'ennemi.

Le 20, l'armée Mangin continue à progresser. A la Ve armée, sauf une action locale, il ne se passe rien de particulier, la journée est employée à la mise en ordre et à la relève du 7e corps par le 2e corps, venu de la Xe armée.

Dans la matinée du 20, le général en chef est appelé à l'Elysée, où il expose les opérations et ses projets, en présence de MM. Ribot et Painlevé ; dans l'après-midi, il voit à Paris M. Lloyd George en présence de M. Ribot.

Le 21, il rédige à Compiègne une note pour le général Wilson, destinée à orienter le maréchal Douglas Haig sur la suite des opérations.

« Bien que la progression des armées d'attaque soit moins rapide que nous ne l'avions escompté, je ne change rien aux instructions générales pour l'offensive que j'ai données précédemment.

« Les armées du G. A. R. et du G. A. C. poursuivent activement la préparation des prochaines attaques devant tout leur front.. »

L'entrée en ligne de la Xe armée.

Dans cette même journée du 21, le général Micheler écrivait au G. Q. G. il faisait ressortir qu'avant de reprendre l'attaque générale, il devenait nécessaire de s'emparer à gauche des hauteurs du nord de Craonne, à droite de la crête mont Sapigneul-mont Spin et Brimont. Il fait remarquer qu'il vient de relever les troupes fatiguées de son G. A. R. et qu'il n'a plus que 4 divisions fraîches.

Mais il sait qu'auprès de lui est la 1re armée, aussi dit-il : « La solution dépend de vos intentions générales actuelles et des ressources dont vous disposez, tant en divisions qu'en munitions. »

Les munitions abondent et la 1re armée est encore riche en divisions. Enfin, comme on l'a vu, les mesures sont prises pour recompléter les unités éprouvées.

Par conséquent, le Général en chef n'a pas à renoncer à la bataille et il n'en a pas l'intention. Il est facile de s'en rendre compte, puisque, dans la nuit du 19 au 20, le général en chef ordonnait au G. A. R. de faire entrer, le 21, le Q. G. de la Xe armée en secteur au nord de l'Aisne. La Xe armée prenait à son compte, disait l'ordre, « les opérations en cours au nord de l'Aisne. (1)

Le général Duchêne vient à Jonchery se mettre au courant de la situation.

« La lutte de géants » se poursuivait, la Presse étrangère parlait de l'angoisse de l'Allemagne. Le général Mazel, au moment où il passait à Duchêne une partie de son secteur pouvait se féliciter de l'œuvre qu'il venait d'accomplir. Depuis le 16 avril, l'ennemi avait engagé devant son front 20 divisions sur lesquelles 4 avaient dû être retirées, 16 étaient au combat depuis plusieurs jours et se trouvaient gravement endommagées, il n'y en avait plus que 3 de disponibles.

Le général Mazel adressait à ses troupes l'ordre suivant :

Quartier Général, 20 *avril* 1917.

Ordre général

Du 16 *au* 20 *avril* 1917, *au cours de la bataille de l'Aisne, tous les corps d'armée de la Ve armée, ont rivalisé d'ardeur et de dévouement.*

Partout ils ont progressé, et parfois d'un seul élan, jusqu'aux troisièmes positions de l'adversaire.

Aux ailes, ils ont attaqué et enserré étroitement les puissantes positions fortifiées de Craonne et de Brimont.

Au centre, par une offensive irrésistible et avec l'aide des groupements de chars blindés, ils ont rompu les forces ennemies qui leur étaient opposées.

12.000 *prisonniers, un matériel considérable sont tombés entre nos mains.*

L'ennemi s'est vu contraint d'amener de nombreuses réserves et de les engager immédiatement dans des contre-attaques puissantes, toutes brisées par les feux de l'artillerie de l'armée et des corps d'armée.

Au jour où un groupement nouveau des forces dans la région de l'Aisne le sépare d'une partie de ses glorieux corps d'armée, le général commandant la Ve armée, a tenu à les remercier tous de leur premier et magnifique effort, gage assuré de la Victoire.

Signé : Général MAZEL.

Il y a là un ordre intéressant : 12.000 prisonniers indique une perte de 48.000 à 60.000 Allemands. La prise d'un nombreux matériel prouve que l'ennemi voulait tenir. Qualifier l'effort accompli de premier effort dénote que le second n'est pas loin et que le moral est bon.

Le 21 avril, il pouvait y avoir une phase qui finissait et une autre qui commençait, mais non pas arrêt dans la volonté de marcher au but : « La destruction de la masse principale ennemie. »

Au contraire, dans l'ancien secteur de la Ve armée, il y avait à poursuivre deux objectifs ; la prise de la région de Craonne et celle du fort de Brimont. Ces deux objectifs étaient divergents ; il y avait intérêt à faire concourir l'action de la VIe et de la Xe armée d'une part ; celle de la Ve et de la IVe d'autre part.

La pensée du chef demeurait vigilante et ferme.

X. — AJOURNEMENT DE LA VICTOIRE

Craonne et Reims.

Le 23 avril 1917, deux grandes opérations étaient ordonnées par le général en chef :

Dégager Reims par une bataille que livreraient de concert les Ve et IVe armées ;

Enlever les hauteurs de Vauclerc-Craonne, qui commandaient toute la plaine de Corbeny à Prouvais et Neuchatel, par une autre bataille où les Xe et VIe armées combineraient leurs efforts.

Les grandes unités éprouvées par les combats précédents cédaient la place à d'autres maintenues jusque-là en arrière. Les batteries modifiaient leurs emplacements pour se mettre en mesure d'accomplir leurs missions nouvelles.

On devait faire vite, mais aucun délai n'était fixé par le général en chef ; ce n'était pas son affaire; quand le commandant de l'armée serait prêt, on attaquerait.

Il n'y avait aucune intention dans le commandement suprême de suspendre le cours des opérations ; passer d'un emplacement à un autre était continuer d'agir dans le plan général des opérations qui visait à la destruction de l'armée principale allemande. C'était toujours la même grande bataille qui se poursuivait d'objectif en objectif, avec ses moments de lutte acharnée et ses instants d'accalmie.

Le recul des Allemands vers le Chemin-des-Dames, sur la ligne dite : Siegfried avait libéré entièrement la voie ferrée de Reims à Soissons et Compiègne. L'évacuation par l'ennemi du fort de Condé et de Vailly avait été le couronnement d'une belle manœuvre exécutée par Mangin contre le front Soupir et Braye et non pas d'une attaque brutale jetée droit sur l'obstacle par-dessus l'Aisne.

Il y avait eu combinaison d'actions pour économiser le sang versé.

L'attaque de grand style qui était projetée sur Vauclerc et Craonne était une manœuvre également ; elle était destinée à faire tomber la résistance des défenseurs de la ligne de Siegfried en prenant cette ligne par son point faible.

La bataille de Reims serait, moins en grand, la réédition de la manœuvre, telle qu'elle avait été projetée en décem-

(1) On voit, d'après cela, tout ce qui reste des affirmations de M. Painlevé, de *La Renaissance*, p. 48, 49 et 50.

bre 1916, quand le G. A. N. devait attaquer de l'Ouest à l'Est et le G. A. R. du Sud au Nord.

Le généralissime conservait son sang-froid, sa lucidité de pensée, sa volonté de vaincre par la manœuvre, par l'économie des forces et la convergence des efforts.

Dans le Nord, vers Arras-Vimy, le maréchal Douglas Haig continuait la lutte avec acharnement ; l'ennemi faisait tête à ses attaques ou contre-attaquait avec violence; ce n'était pas la percée, mais l'usure intense qui préparait la percée. Le 26 avril, sur la Scarpe, les Britanniques feront une poussée pleine d'énergie et féconde en résultats.

C'est le plan d'opérations qui se poursuit dans son ensemble, dans son unité, logiquement, sans fléchissement.

Deux nations, la Grande Bretagne et la France agissaient dans la plus parfaite union, sous un commandement unique, dans une splendide communauté d'efforts, pour user l'Allemagne qui devait, avec ses seules troupes, s'opposer aux soldats des deux nations alliées, parce qu'aucun des combattants de l'Autriche, de la Bulgarie et de Turquie n'avait le cœur assez solide pour affronter les coups des héros de Douglas Haig et de Nivelle.

A ce compte-là les divisions allemandes fondaient vite et le moment allait venir où la débâcle commencerait ouvrant au Généralissime la route de la Somme, de la Meuse et du Rhin.

La bataille que le Kaiser avait pensé éviter en refluant sur la ligne Hindenburg était venue quand même et l'Allemagne anxieuse en suivait les développements.

« La bataille est gagnée » aurait dit Nivelle, le 20 avril, à l'Elysée, « elle est gagnée sur la première ligne au lieu d'être gagnée très en avant. C'est moins brillant, mais c'est plus sûr. Nous avons avancé à peine, c'est entendu. Nous n'avons pas rompu les lignes de l'ennemi Mais nous l'avons usé et nous avons paralysé ses initiatives » (1).

Nivelle n'a pas pu dire le 20, alors qu'il devait donner des ordres comme ceux du 28, que la bataille était gagnée. Un soldat sait que celui qui comme à Marengo, est vainqueur à 5 h. 1/2 du soir est parfois vaincu à 6 h. 1/2. Tant qu'une bataille est en cours, la victoire est incertaine. Mais le Généralissime avait lieu d'être satisfait, il avait la bataille qu'il avait préparée. Napéléon, en 1812, avait vainement cherché une rencontre depuis Vilna jusqu'à Smolensk; à Borodino, il avait pensé la tenir mais l'armée ennemie s'était dérobée avant la décision et la marche sur Moscou s'était poursuivie sans que l'ennemi acceptât de se mesurer avec lui.

Foch, en août, septembre, octobre, novembre 1918, sera avide de bataille. Si, au mois d'août, les Allemands lui avaient fait tête et avaient opposé canons à canons, notre illustre Maréchal aurait, en quelques semaines, décidé de la guerre et continué sa route vers Berlin dans une Allemagne privée de soldats.

Déjà,en mars 1917,Nivelle avait vu l'ennemi refuser la bataille ; en avril, cet ennemi aurait pu passer de l'Aisne à l'Ailette et s'installer sur des positions qui n'auraient pu être attaquées avant plusieurs semaines, à cause de l'importance des travaux qu'il aurait fallu faire pour préparer la nouvelle bataille. Pendant que s'exécuteraient ces préparatifs, l'ennemi, libre de ses mouvements et de ses troupes, pourrait bourrer sur Ypres, sur Amiens, sur Maisons de Champagne, sur Verdun et Nancy; il lui serait loisible de débouler par le Mincio ou la Brenta sur Vérone et Venise, en un mot, l'ennemi aurait la faculté de prendre l'initiative des opérations et de choisir son théâtre de guerre.

(1) *La Vérité...*, par M. Painlevé, p. 52.

Mais, le 16 il avait accepté la bataille, le 20, son initiative était paralysée, ses disponibilités compromises, sa force de résistance entamée. Nous n'avions guère avancé, mais l'usure allemande s'accentuait et la forte position de l'ennemi sur les hauteurs de l'Aisne était ébréchée, les morceaux restants tombaient un à un.

Clairvoyance du maréchal Douglas Haig.

Le Maréchal Douglas Haig écrivait : le 19 avril, dans une lettre qu'il adressait au général Robertson :

« *La lutte suit un cours normal. De grands résultats ne sont jamais obtenus en guerre tant que la force de résistance de l'ennemi n'a pas été brisée;* et, contre un ennemi puissant et déterminé, opérant avec de gros effectifs sur un large front, c'est une affaire de temps et de durs combats.

« Les résultats atteints jusqu'ici cette année, montrent que nous avons déjà réduit considérablement par nos efforts antérieurs la puissance de résistance de l'ennemi. Les résultats des derniers jours sont grandement encourageants. Je considère que les chances de succès cette année sont remarquablement bonnes, si nous ne relâchons pas nos efforts; et qu'il ne serait *ni sage* ni *sensé* — et à la longue plus coûteux en hommes et en argent — de suspendre à bref délai les opérations offensives (1). »

Les deux grands chefs responsables de la conduite de la guerre sur le front occidental sont en complet accord. Le Maréchal Douglas Haig cependant avait eu d'autres idées jusqu'au milieu de mars; tant qu'il avait navigué dans la mer agitée des hypothèses, il avait différé d'avis avec Nivelle; mais maintenant qu'il était en terre ferme avec des éléments stables sous les yeux, il voyait des divisions allemandes s'écrouler successivement et l'ennemi s'acheminer vers l'impuissance. Il comptait, les unes après les autres, les grandes unités ennemies qui venaient s'offrir à ses coups; le général Wilson lui envoyait de Compiègne des indications analogues sur l'usure qui se pratiquait sur l'Aisne et devant Reims.

Aussi pouvait-il évaluer avec la plus grande précision les chances de succès; avec des bases aussi solides pour asseoir ses convictions, il réclamait la continuation des opérations offensives et déclarait « unwise, unsound » tout arrêt dans la marche de bataille.

Le plan élaboré, à Chantilly, suivait son cours: « A partir de l'époque où les armées seront prêtes à attaquer, les commandants en chef régleront leur conduite respective d'après la situation du moment ». (Voir chap. 2).

Les Britanniques avaient commencé leur offensive le 9 avril, le G. A. N. avait agi sur Saint-Quentin le 14, le G. A. R. attaquait le 16, le G. A. C. le 17.

Le 18, le général Cadorna écrivait « les mesures en vue d'une attaque de grand style depuis le moyen Isonzo jusqu'à la mer sont en bonne voie et poussées avec une activité de plus en plus grande. Ces mesures sont telles que cette action pourra se développer, comme au mois d'août précédent, avec une rapidité foudroyante « dès qu'il jugerait le moment venu ».

(1) « I consider that the prospects of success this year are distinctly good if we do not relax our efforts and that it would be *unwise, unsound*, and probably, in the long run, more costly in men and money to cease offensive operations at an early date ». (Texte original).

L'armée italienne vers l'Isonzo.

Il fallait faire venir ce moment. Ce qui arrêtait le général Cadorna c'était la crainte d'une attaque par le Trentin; les probabilités de cette attaque disparaissaient à mesure que fondaient sur le front occidental les divisions allemandes disponibles.

Nivelle lui télégraphiait le 19 pour lui faire connaître la marche de la bataille et l'usure des forces allemandes, et Cadorna répondait le lendemain: « Je ferai exécuter, le 25 courant, le transport vers l'Isonzo préparé à l'avance les forces qui se trouvent encore dans le Trentin et qui compléteront la masse offensive en voie de constitution sur le front Giulia. »

Nivelle mettait fin à toute hésitation, le 24 avril par un télégramme disant:

« Il ne reste que 12 divisions fraîches en arrière du front après usure. Nos prochaines offensives les obligeront à s'engager à bref délai, ainsi que celles qui pourraient être prélevées sur le front après relève...

« Le chiffre des prisonniers dépasse actuellement 35.000, celui des canons pris, 350. Ces chiffres *sont d'un heureux augure pour le développement de nos opérations de* 1917 *et en particulier pour le succès de votre offensive du front de Giulia* ».

Combien ce télégramme aurait été plus persuasif si Nivelle avait pu dire: L'Autriche est aux abois, elle est prête à faire la paix, la seule chose qui la retient est la crainte de l'épée allemande et cette épée allemande nous sommes en train de la briser.

Mais Nivelle ne pouvait pas dire cela, car lui, Généralissime des armées alliées, qui devait régler ses opérations sur l'état de force ou de faiblesse de l'ennemi, ne fut jamais avisé de la démarche faite par l'empereur d'Autriche par l'intermédiaire du prince Sixte de Bourbon. Il ne fut même pas instruit, sous forme masquée de cet acte de défaillance d'une nation ennemie.

Les armées italiennes, à cause de la forme de leur échiquier statégique, devaient hésiter à lancer leurs forces sur Gorizia. alors qu'on savait que des Etats-Majors allemands avaient été transportés dans le Trentin, mais dès que le général Cadorna apprend qu'il n'y a plus de divisions allemandes à craindre, rien ne l'empêche plus de partir.

Si, alors Nivelle avait pu lui écrire: « Je sais de source certaine que l'Autriche épuisée n'est empêchée de signer une paix séparée que par la crainte des représailles de son allié de Berlin; au moment où l'Allemagne est réduite à l'impuissance, un échec de l'Autriche sur l'Isonzo pourra avoir les plus grandes conséquences ». Cadorna serait parti tête baissée.

La Victoire va sortir de l'Union des Alliés.

Dans notre France où toutes les indiscrétions se donnent libre cours quand elles peuvent servir l'ennemi, le Généralissime ignore la démarche de Vienne.

Quoi qu'il en soit, le général italien dirige ses effectifs vers l'Isonzo, le plan de Chantilly se développe de façon grandiose d'Arras à Reims, de Reims à l'Isonzo. La révolution a causé de l'émoi dans l'armée russe, cependant cette armée et les forces roumaines retiennent non-seulement de lourds effectifs autrichiens mais encore 75 divisions allemandes: 46 au Nord du Pripet, 20 au Sud du Pripet et 9 en Roumanie.

En Russie la bataille se déclenchera le 1er juillet, peut-être aurait-elle commencé un mois plus tôt si M. Albert Thomas avait pu faire comprendre à Pétrograd l'utilité de joindre ses efforts aux nôtres, aux mêmes moments ; mais M. A. Thomas ne pouvait le faire puisqu'il savait que M. Painlevé voulait arrêter la bataille.

Sans cela, avril aurait vu les prémices de la grande lutte des Alliés contre l'Allemagne à Arras, puis sur l'Aisne, en mai se serait ajoutée la bataille de l'Isonzo; juin aurait allumé les combats en Orient. Dans ce cercle de feu, l'Allemagne succomberait épuisée, sans ressources pour combler les vides.

En juin, juillet peut-être, ce serait la victoire.

Ce n'est pas un rêve, ce n'est pas une hypothèse, c'est la résultante fatale et pouvant être sûrement escomptée de la lutte continue sans trêve que le plan d'opérations avait organisée.

Il aurait fallu faire un grand effort, les calculs d'effectifs du 1er janvier 1917 montrent l'effort comme possible, tandis que les événements qui s'accompliront en 1918 lèvent tous les doutes à cet égard.

La victoire était certaine pour 1917, assurée par la stricte application du plan de Nivelle.

Cependant pour vaincre, une force, qui nous a fait complètement défaut, était indispensable. La France avait besoin d'un Ministre de la Guerre qui fût un Millerand, un Lyautey ou la monnaie d'un Clemenceau.

Au lieu de cet homme nécessaire nous avons un Painlevé qui ne sait pas se tenir dans son Ministère, à sa place.

M. Painlevé s'emploie à entraver les succès.

Il veut arrêter avant peu la bataille. M. Albert Thomas le sait; il en parle le 11 avril à Londres, il en emporte la conviction à Pétrograd.

M. Lloyd George, rendu inquiet par les renseignements qui lui viennent de Paris et l'avis que vient de lui donner le Ministre français des munitions, demande des renseignements au Maréchal Douglas Haig qui fait la magistrale réponse qu'on a lue précédemment. Cette réponse passera dans l'histoire pour un chef-d'œuvre de clairvoyance, de résolution, de haute conception stratégique. Il y a dans son exposé des vues profondes comme en ont seuls les hommes de grand talent, les vrais chefs.

Notre Ministre de la Guerre, et tous ceux — civils ou militaires, — qui ont partagé la manière de voir de M. Painlevé, n'ont pas eu cette intuition de l'avenir. Les coups de sonde qu'ils ont donnés dans cet avenir ne leur ont fourni que l'erreur.

Tous ceux qui ont renvoyé, à 1918, l'effort que Nivelle réclamait pour 1917, ont conduit le pays à un plus grand effort; ils ont prolongé la guerre d'une année et fait couler une plus grande quantité de sang français, pour ne parler que de celui-là.

M. Painlevé recueillait les applaudissements de la Chambre, le 7 juillet, mais c'est parce qu'il trompait la Chambre en lui disant: « C'est aux forces intégrales de l'Allemagne qu'ont dû faire face, ces derniers mois, les armées anglaise et française ».

Il était plus facile de vaincre en 1917 qu'en 1918.

En avril 1917, Russes et Roumains retenaient 75 divisions allemandes.

En 1918, il n'y aura plus de divisions allemandes en Orient.

Nous aurons à nos côtés 1.200.000 Américains, mais les trois millions de Russes et de Roumains qui portaient encore les armes en Avril 1917, n'existeront plus. Les Etats-Unis ne viendront pas en renforts mais en suppléants; leurs soldats seront en moins grand nombre et n'auront pas encore appris à faire la guerre.

Nivelle et Douglas Haig avaient à battre, en avril 1917, 150 divisions allemandes; en 1918, Foch en rencontrera en face de lui 207.

Nivelle demande un effort de quatre mois, on le lui refuse, Foch luttera avant de vaincre, du 21 mars au 11 novembre, sans trêve, ni repos, pendant neuf mois.

En 1917, la bataille du 16 avril commence au lendemain d'un fléchissement de l'Allemagne marqué par l'abandon de 3.000 kilomètres carrés de terrain.

En 1918, les Alliés, de mars à juillet, perdront 200.000 prisonniers, plus de 2.500 pièces de canon avant que le vainqueur des Marais de Saint-Gond ait pu se saisir de l'initiative des opérations.

La tâche de Nivelle était légère à côté de celle qui a pesé sur les épaules du Maréchal Foch.

En 1917, Nivelle pouvait vaincre un ennemi obligé à faire face sur les deux frontières d'Orient et d'Occident.

En 1918, Foch n'aurait pu vaincre si comme Nivelle il avait eu pour Ministre de la Guerre un Painlevé lui tirant dans les jambes.

La place des Parlementaires.

Au premier jour de la bataille, un certain nombre de membres du Parlement, sénateurs et députés se rendent au Quartier général du groupe d'armées de réserve, c'est le contrôle du Sénat et de la Chambre des députés qui s'exerce sur le champ de bataille, au siège d'un quartier général sensible aux opinions des hommes du Parlement. Celui qui se sait énormément contrôlé manque d'audace, il perd presque toute son assurance quand il constate que les contrôleurs sont des hommes étrangers au métier et dont la toute-puissance égale l'incompétence technique.

Sans manquer d'égards envers ces messieurs, parmi lesquels se trouvent des hommes d'Etat de haute valeur et des cerveaux de qualité rare, on peut dire que leur place n'était pas là. On n'a vu un tel concours d'autorités parlementaires aux heures de bataille, dans un Q. G. qui avait besoin d'indépendance et de recueillement, que sous le Ministère de M. Painlevé. Cela ne s'était pas produit quand M. Millerand ou le général Lyautey avaient la charge du Ministère de la Guerre; lorsque le « Tigre » sera le maître rue Saint-Dominique, la chose ne sera même pas tentée.

Pour supporter les émotions d'une bataille, pour conserver la tête saine quand pèsent sur elle des charges écrasantes, il faut être un soldat mûri sous les harnois, éduqué tout spécialement.

Le 18 août 1870, Bismark est près de Gravelotte avec Guillaume, roi de Prusse et Moltke le chef réel des armées allemandes, il a devant les yeux une bataille sévère. Le centre allemand, malgré de furieuses attaques ne fait pas céder le centre français, les pertes sont énormes et on ne gagne pas un mètre de terrain, chacune des tentatives pour déboucher de ses positions est un échec, on s'use, il ne semble pas que l'ennemi s'use, la position à enlever est toujours aussi solide. Bismark s'émeut, la bataille lui semble mal engagée, il doute de la valeur militaire du vainqueur de Sadowa.

Si le centre n'offre pas un aspect réconfortant, la droite est lamentable. Toute l'armée de Steinmetz offre l'apparence de forces en déroute. Dans le ravin de la Mance les renforts et les fuyards se mêlent, se confondent, il y a un entassement de cavaliers, d'artilleurs, de blessés, de chevaux, de fantassins, tout est pêle-mêle, ne pouvant ni fuir, ni avancer et le canon français, les mitrailleuses tapent dans le tas. Ceux qui passent près de Gravelotte crient sauve qui peut; le grand Etat-Major plie bagage.

Bismark perd la tête. Cependant il a vu la campagne de 1866, mais d'un peu loin, jamais la guerre ne lui est apparue aussi tragique ; il se répand en reproches contre Moltke qui lui semble coupable d'avoir mené l'Allemagne à la défaite.

Un de nos jeunes députés, venu pour assister à la bataille de l'Aisne n'a pas eu ce spectacle — car si nos Poilus n'ont pas avancé à leur gré partout ils ont gagné du terrain — cependant il a volé vers le téléphone pour réclamer la fin de la bataille, il jugeait que Nivelle menait la France à la défaite.

Si, après avoir vu ce qui a tant émotionné Bismark, notre jeune député s'était porté vers la gauche de l'armée prussienne, au-dessus d'Habonville, auprès de Frédéric-Charles, il aurait été plus épouvanté encore. Devant lui se serait faite la Chevauchée de la Mort.

Sous ses yeux, marchant sur le glacis de Saint-Privat, serait passé, dans un élan admirable de courage et de fierté, le Corps de la Garde prussienne, puis quelques instants après, tout se serait écroulé sous les balles des Chassepots de Canrobert. Toute cette élite de l'armée et de la nation, l'espoir de l'Allemagne était tombée anéantie en quelques instants.

Cependant, un œil de soldat aurait vu que la victoire allemande était proche. En effet, pour produire tout ce mal, au centre, à droite, à gauche, il a fallu mettre en ligne tout ce que les adversaires ont de soldats, car ils ont l'infériorité du nombre.

Notre député n'aurait pas compris cela, il aurait couru éperdu, demander la fin du massacre, « qu'on arrête les Saxons », se serait-il écrié, « assez de sang versé ».

Si alors on l'avait écouté, le 12e corps ne serait pas entré au combat contre l'aile droite de Canrobert, il aurait été réservé pour une bataille à venir, comme on conservera les nombreuses divisions de Nivelle et de Douglas Haig pour 1918.

Tout le sang versé, l'aurait été inutilement.

La victoire aurait été ajournée.

Il est parfaitement exact que le député a cherché à téléphoner du Quartier Général de Micheler au Ministère de la Guerre; la chose ayant été reconnue impossible faute de liaison téléphonique directe, il est allé, de toute la vitesse que pouvait fournir son automobile, rue Saint-Dominique pour demander l'ordre de faire cesser la bataille.

La Revue du *Collier's National Weekly* a dit:

« Ils (les parlementaires) avaient vu, pour la première

fois de leur existence une bataille réelle de sang et d'acier; ils étaient tous dans une panique folle. Pendant tout le courant de la journée, ils ne cessèrent de téléphoner frénétiquement au Gouvernement de Paris que les armées françaises étaient égorgées et qu'il fallait envoyer au plus vite l'ordre d'arrêter l'offensive.

« L'offensive n'a pas cessé immédiatement. Mais à partir de ce jour, elle a été tellement empêtrée par les interventions politiques qu'il ne lui a pas été possible de reprendre sa large poussée du début ».

Il y a beaucoup de vrai dans tout cela: c'est en jouant sur le nombre des morts et des blessés que M. Painlevé et sa coterie sèmeront l'émoi dans l'opinion publique et causeront l'ajournement de la victoire.

On perd la victoire pour sauver un Ministère.

Le mot d'ordre est donné, les chiffres les plus fantastiques seront répandus; le 7 juillet 1918, le Ministre de la Guerre en conviendra:

« Les résultats acquis par cette offensive et dont il faut se garder de méconnaître l'importance ont été payés trop cher; oui des pertes, de lourdes pertes ont été subies. Oh! ce ne sont pas ces *chiffres colossaux de morts, de blessés et de prisonniers* que des racontars pernicieux issus on ne sait d'où, faisaient circuler à travers Paris et la France mais pertes trop cruelles pourtant parce qu'elles pouvaient être évitées, parce qu'elles doivent désormais être évitées. (*Applaudissements*).

« Les chefs auxquels incombent la responsabilité de ces fautes, et qui pourtant pouvaient invoquer de glorieux services ont été relevés de leur commandement. La loi ne met entre les mains du Ministre aucune sanction sans une enquête préalable dont elle fixe la procédure. En permettant aux généraux mis en cause de fournir leurs explications, cette enquête qui s'ouvrira dans quelques jours délimitera la responsabilité de chacun et permettra au Gouvernement de prendre en pleine connaissance de cause ses résolutions définitives » (Très bien, très bien).

Il résulte de ces déclarations du Ministre que des *chiffres colossaux* de *morts*, de *blessés* et de *prisonniers* ont circulé dans Paris et dans la France.

Il y aurait eu intérêt à couper court à ces bruits, en faisant connaître les chiffres de l'Etat-Major.

Mais si on l'avait fait, la désorganisation du Service de santé, telle qu'elle résultait des mesures prises par M. Justin Godart, serait apparue.

Pour sauver le Ministère on a ajourné la victoire.

L'Etat-Major du G. Q. G. signalait comme pertes du 16 au 25 avril: 15.500 tués, 60.000 blessés, 20.500 disparus.

Ces chiffres n'avaient certes rien d'alarmant. Si on les avait fait mettre dans les journaux en renseignant le public sur les pertes qu'on avait éprouvées dans les batailles de 1870, ou bien en donnant simplement les moyennes des pertes comparées par division: sur l'Aisne, sur la Somme ou à Verdun, on aurait calmé l'émotion à Paris et dans la France.

Les chiffres du G. Q. G. étaient inférieurs à la réalité surtout en ce qui concerne les tués. Mais il ne pouvait en être autrement. Il est criminel d'annoncer à des parents que leur fils est tué quand on n'en sait rien. Ce fils qui ne paraît plus dans les rangs, et qu'on n'a pas vu dans les ambulances est porté disparu.

Il est certain que tous ces disparus ne sont pas des prisonniers ou des déserteurs ou des égarés; parmi eux il y a des morts. Combien? On le saura plus tard seulement.

Il est évident aussi que tous les blessés ne guériront pas, beaucoup, hélas! mourront. Mais il est, au moins prématuré d'annoncer dans les couloirs de la Chambre, le jour même de la bataille, pour sauver le Ministère d'une interpellation dangereuse, que ces blessés sont morts, alors qu'ils vivront encore quelque temps dans un lit d'hôpital.

Aujourd'hui (*La Renaissance* de Novembre 1919) M. Painlevé annonce que du 1er *au* 30 *avril*, les Français ont eu 35.000 tués sur le champ de bataille. Il ne parle plus de la période du 16 au 25, mais de celle du 1er au 30; et enfin dans son chiffre il compte les disparus dont la mort a été constatée, plus tard, mais que l'Etat-Major ne devait pas, dans son état du 16 au 25, certifier tués.

Si mensonge doit être commis, le mensonge n'est permis que s'il doit conduire à la victoire; il est criminel de mentir pour alarmer le pays ou pour sauver un Ministère.

Quand une mère ignore la perte d'un fils, on la lui annonce avec ménagements; quand la France vient de perdre de nombreux enfants, on doit le lui dire avec non moins de précautions.

Le G. Q. G. donne au Ministre les chiffres établis tels que les règlements ordonnent de les fournir: en tués, blessés, disparus, il appartient au Ministre d'annoncer ces pertes aussi délicatement que possible, en usant du pieux mensonge s'il le juge utile à la victoire.

Mais laisser courir des « chiffres colossaux de morts, de blessés et de prisonniers », se servir de ces « racontars pernicieux » pour sauver sa politique, déclarer coupables d'avoir causé des « pertes trop cruelles pourtant parce qu'elles pouvaient être évitées » des chefs qu'une Commission d'enquête déclarera innocents de cela est faire le jeu de l'ennemi.

C'est prononcer l'ajournement de la victoire, c'est préparer la révolte du pays et des soldats contre les chefs; on ne saurait trop flétrir de tels procédés.

XI. — LA DÉSORGANISATION

L'Allemagne en péril.

Le 26 avril 1916, l'Allemagne était sur le point d'être réduite à mettre bas les armes

Les forces russes et roumaines existaient encore, elles retenaient en face d'elles non-seulement de lourds contingents d'Autriche, mais encore 75 divisions allemandes.

L'armée anglaise à l'occident, pour la première fois depuis le début de la guerre, avait à la fois la force et la maturité guerrière; la force, le service personnel et obligatoire la lui avait donnée, la maturité guerrière venait d'être acquise à la dure école de la Somme. Elle possédait un outillage de combat nombreux et excellent; elle avait à sa tête un chef clairvoyant, ayant foi dans la victoire; au-dessus de ce chef un Gouvernement énergique, ordonné, méthodique, prêt à tout sacrifier pour la poursuite d'un plan d'opérations qu'il avait estimé capable de conduire aux résultats cherchés.

L'armée française, pour la première fois depuis le mois d'août 1914, possédait la nombreuse artillerie indispensable pour mener une grande bataille et son approvisionnement en munitions était considérable, tandis que la puissance de fabrication à l'intérieur atteignait des chiffres rassurants (1).

L'armée italienne, maintenant dégagée de toute crainte vers le Tyrol, se préparait à entamer une grande bataille sur l'Isonzo; elle était nombreuse et en forme, le territoire italien n'avait pas encore été éprouvé par l'invasion; de l'autre côté de l'Isonzo il n'y avait plus que l'armée d'une Autriche prête à déposer son bilan.

La bataille d'Arras durait depuis deux semaines, celle de l'Aisne depuis huit jours et des 52 divisions allemandes qui constituaient toutes les disponibilités de notre adversaire, 40 avaient dû être engagées; il n'en restait plus que 12 au moment même où une bataille plus grande encore que celle du 16 avril était sur le point de reprendre (2).

Le Maréchal Douglas Haig inaugurait la bataille de la Scarpe à laquelle prendraient part ses I. II. V. armées; le général Nivelle, conformément à ses ordres du 23 avril, voyait s'organiser une bataille de quatre armées: la bataille de Craonne-Vauclerc que livreraient les VIe et X[e] armées, la bataille de Reims où les Ve et IVe armées allaient conjuguer leurs efforts.

Grande-Bretagne-Italie-France faisaient honneur aux signatures qu'elles avaient apposées au bas de la Convention de Chantilly; Russie et Roumanie consacraient leur reste de vie à tenir la parole donnée. Un vaste plan d'opérations réglait la concordance des efforts.

Un commandement unique, auquel chacun se subordonnait créait, cette chose longtemps poursuivie en vain: l'Unité d'action sur l'Unité de front.

Tout cet ensemble de forces alliées avait un chef, un plan et ne formait qu'une armée.

Que resterait-il de nos ennemis après les batailles de Craonne, de Reims, de la Scarpe et de l'Isonzo.

L'Allemagne allait périr si la politique française n'immobilisait pas le marteau-pilon prêt à tout écraser.

La politique française arrêtera ce marteau-pilon par le mensonge, par l'intimidation, par la destruction du commandement.

Elle mentira à l'Angleterre en lui affirmant que les réserves de la France sont épuisées. Elle intimidera l'Italie en lui affirmant que nous venons d'éprouver un grand désastre, qui aura pour conséquences peut-être la renaissance du danger tyrolien.

Elle détruira le Commandement français en laissant traiter ses généraux d'assassins.

Le mensonge à l'Angleterre.

Le jeudi 26 avril, sur demande du Gouvernement français, le maréchal Douglas Haig a été à Paris conférer avec MM. Ribot et Painlevé.

Ces messieurs lui ont exposé que « nos dernières disponibilités en hommes étaient fortement entamées et que, dans ces conditions il y avait lieu d'étudier s'il était opportun ou non de continuer la bataille. »

Or, au chapitre VI, il a été démontré que, *sur le papier*, le 1er janvier 1917, le général en chef avait reconnu que nos disponibilités, pour une période de six mois, s'élevaient à 870.000 hommes et ces disponibilités avaient été estimées non pas seulement en bloc, mais arme par arme. En 1918, il sera démontré, *par le fait*, l'existence de ces disponibilités, puisque c'est grâce à elles que Foch pourra mener l'âpre campagne, faite de batailles sanglantes et ininterrompues du 21 mars au 11 novembre.

Le maréchal Douglas Haig ne s'est pas laissé prendre aux affirmations de M. Painlevé. Il s'était muni, heureusement, d'un état comparatif des disponibilités alliées et allemandes; d'un état des divisions ennemies engagées et temporairement hors de cause ; du schéma des défenses allemandes et de la progression des Alliés; d'un état des disponibilités ennemies.

Il démontra, pièces en main, que les armées franco-britanniques, et surtout les françaises, retenaient devant elles et usaient rapidement les plus considérables et les meilleures des forces ennemies, que le nombre des divisions allemandes encore fraîches ne semblait pas excéder douze, total notablement inférieur aux ressources franco-britanniques ; que les conditions intérieures de l'Allemagne étaient précaires et que les progrès accomplis et les gains obtenus étaient les indices certains de succès substantiels.

MM. Ribot et Painlevé firent semblant de céder ; il fut convenu que *la bataille continuerait sans que les lignes générales du plan d'opérations arrêté de concert fussent modifiées.*

Le mensonge n'avait pas pris cette fois, mais le manque de disponibilités françaises sera toujours le prétexte invoqué pour arrêter la bataille.

Intimidation de l'Italie.

Le général Cadorna va se jeter à fond dans une grande bataille, il faut ralentir sinon arrêter ses efforts.

Pour cela, on fait croire à Rome que nous venons de subir un grand désastre.

M. Barrère, notre ambassadeur auprès du Quirinal, télégraphie à M. Ribot qu'en Italie l'annonce des interpellations du Parlement de Paris a produit une profonde impression. « On y a vu dans le public l'indice d'un échec grave subi par nos armées ».

Notre ambassadeur demande que pour contrecarrer ces bruits et couper court aux alarmes, on annonce que l'offensive franco-anglaise se développe avec une énergie toujours croissante.

Mais on n'en fait rien. L'état de dépression en Italie s'accentue. « Il est dû surtout à annonce des interpellations parlementaires sur situation militaire et même sur sanctions éventuelles contre les chefs responsables », télégraphie notre ambassadeur. Les interpellations se font, les sanctions sont bruyamment annoncées.

Destruction du Commandement.

La « Coterie », selon l'expression du maréchal Pétain, en réclamant le départ de Joffre, avait pensé mettre la main sur le Haut-Commandement.

Elle réclame le déplacement du G. Q. G. comme si les

(1) Pendant tous le mois d'avril, il a été consommé 9.560.031 coups de 75 ; les usines ont fabriqué pendant ce temps-là 6.292.358 coups, soit un prélèvement de 3.267.673 coups sur un stock de 23 millions.
(Rapport de M. H. Galli sur les munitions d'art. et l'offensive d'avril 1917).

(2) Le 6 mai, toutes les divisions allemandes autrefois disponibles avaient été dépensées. Du 9 avril au 15 mai, 99 divisions allemandes ont dû prendre part à la bataille, dont 11 étaient venues deux fois. C'était donc 110 divisions allemandes d'usées. Au G. Q. G., britannique, on estimait, qu'après encore six semaines de combat, l'armée allemande serait à bout de forces. Ce serait la fin.

murs étaient de mauvais conseillers. Nivelle cède, il va de Chantilly à Beauvais, puis de Beauvais à Compiègne.

Elle veut que table rase soit faite au G .Q. G., mais elle n'obtient pas entière satisfaction, car le nouveau général en chef ne veut pas se priver de compétences particulières dont il a besoin. Dès lors, la Coterie manifeste son mécontentement. Et quand Nivelle demande la suspension de tout envoi de renforts à Salonique, pendant que se joue la partie capitale sur le front occidental, on l'accuse d'être, comme Joffre, le prisonnier de l'état-major.

Le 16 janvier 1917, le général en chef apprend par les journaux que le Service de Santé aux armées lui est enlevé, il écrit au général Lyautey : « Je ne saurais accepter une main-mise directe sur ce service; aujourd'hui, c'est le Service de Santé, demain ce sera celui de l'Intendance, après-demain les troupes... il n'y a pas de commandement possible dans ces conditions.

« Ce que je ne peux admettre, c'est la forme donnée à ces notes, leur tendance qui implique de la défiance vis-à-vis du Commandement, défiance qu'on sème dans le pays, dans l'armée qui auraient tant besoin d'action contraire.

« Mener dans ces conditions une armée à la victoire, serait une tâche qui dépasse les forces humaines.

« Pour ma part, si ces tendances n'étaient pas immédiatement enrayées, je ne pourrais pas accepter plus longtemps la responsabilité du commandement. »

Cette lettre est du mois de janvier, le Ministère Ribot-Painlevé est du 19 mars. On voit déjà que M. Briand était obligé de fléchir devant l'assaut du parti que l'interpellation de M. Raffin-Dugens amènera au pouvoir.

Le général en chef avait eu beaucoup de peine à amener le maréchal Douglais Haig à adopter son plan d'opérations et à se résoudre à étendre son front de Bouchavesnes à Roye. Le maréchal Douglas Haig est un homme de méthode aux réflexions lointaines ; avant de prendre une décision, il y réfléchit mûrement et par conséquent se tient volontiers à ce qu'il a décidé, quand on veut lui imposer du nouveau, il regimbe. Il y eut des difficultés, en janvier, entre les deux généraux en chef.

Un parti politique, plus soucieux des intérêts de la France que besogneux de désordre, aurait applaudi quand Nivelle obtint l'extension du front anglais. Au lieu de cela, on l'accuse de maladresse dans ses rapports avec nos Alliés. Cette accusation est d'autant plus tendancieuse qu'elle repose sur une documentation fausse. Quand Nivelle sera lâché par son ministre et par un Parlement mal informé, ce sera le maréchal anglais qui sera le plus ferme soutien d'un plan d'opérations si riche de promesses.

M. Painlevé nie les effets de la propagande pacifiste.

Le 28 février, des faits de propagande pacifiste mettent en danger l'esprit de discipline de nos soldats. Nivelle signale les tracts que le Ministre de l'Intérieur laisse circuler, le débauchage dont nos permissionnaires sont l'objet, l'action de meneurs, tels que les Sébastien Faure, Merrheim, Hubert, Brion, qui s'exerce dans nos unités où ces gens-là ont des correspondants. Il réclame des mesures de répression : « Et (1) cependant, au procès Malvy, sans même faire allusion aux avertissements de Nivelle, avertissements que, Ministre de la Guerre, il avait dédaignés, M. Painlevé affirmera « qu'avant tout, la déconvenue de l'offensive du 16 avril avait secoué à fond l'âme de l'armée française. »

(1) *L'offensive de 1917*, Commandant de Civrieux, p. 214.

Interventions pacifistes.

Le 18 avril, c'est un député qui après avoir manifesté au Q. G. du G. A. R. son désappointement de ne pouvoir téléphoner au Ministre de la Guerre d'arrêter les combats, arrive rue Saint-Dominique, à minuit, formuler cette demande. M. Painlevé se contente de lui dire « que c'est impossible » Il n'est pas de taille, on le voit, à traiter comme il le mérite, ce « critiqueur ». Il se garde bien de lui faire entendre raison, car alarmer l'opinion est faire le jeu du Ministre.

Le 23 avril, il est bruit d'ordres donnés pour que l'attaque de Vauclerc soit lancée avant que la préparation par l'artillerie puisse être faite; un des généraux exécutants s'en serait plaint?

Nivelle veut savoir qui a parlé ainsi à la légère. Il arrive à Merval où sont convoqués les généraux Mangin, Duchêne, Hirschauer ; personne ne s'est plaint et on n'a pu le faire, puisque aucune date n'a été encore fixée. Notre héros de Verdun succombe à l'émotion, la pensée qu'un de ses principaux subordonnés avait pu le desservir l'effraye. Il parle de démissionner. Le brave cœur qu'est le général Hirschauer, son camarade de Polytechnique, s'écrie : « Permets-moi de te dire combien nous partageons tes soucis, tes angoisses, mais ton devoir est de rester à ton poste. » Mangin dit à son chef, l'âme émue : « Je vous assure que toute l'armée a confiance en vous, nous vous aimons bien tous, mon général. »

Nos généraux traités d'assassins.

Le 25 août il y a réunion du Comité de Guerre à l'Elysée; le Gouvernement n'a pas le courage d'apaiser toutes les rumeurs en donnant les chiffres connus des pertes, il ne veut pas comprendre que son devoir consiste à s'opposer à cette sorte de panique qui ne peut être profitable qu'à l'Allemagne, aussi se lance-t-il en accusations de toutes sortes contre les généraux qui commandent nos armées. Nivelle proteste contre les chiffres qu'on lui cite, il défend Mangin et Mazel, mais il s'aperçoit vite qu'il n'y a rien à faire ; il veut alors gagner du temps pour que les esprits puissent s'apaiser. Il ne se met pas en travers du flot de peur de voir tout submergé. On veut la tête de Mangin. Il aime ce valeureux officier qu'il a tiré d'un mauvais pas, en 1914, et avec lequel il a si bien combattu à Verdun. Il pense tout d'abord qu'il suffira, pour calmer les colères, de donner à Mangin l'armée de Lorraine dont le commandement va devenir vacant, lorsque le général Debeney passera Major-général, mais le Parlement, paraît-il, ne sera pas satisfait par cette solution. Alors Nivelle demande, pour le commandant de la VIe armée, le poste de Gouverneur de l'Afrique Occidentale.

Evidemment, Nivelle a tort. Il aurait dû soutenir son valeureux subordonné, envers et contre tous ; il ne l'a pas fait et c'est, en s'appuyant sur un papier du G. Q. G., que le Comité de Guerre arrachera à ses soldats le héros de Douaumont.

Nivelle a commis un acte de faiblesse comme Joffre avait

fait à l'égard de Foch, comme Pétain fera à son tour en ne maintenant pas Nivelle à l'armée. Les militaires, même les plus audacieux, sont intimidés par la toge. Bonaparte n'a perdu le sang-froid qu'une fois dans sa vie, c'est au Conseil des Cinq Cents, le 18 Brumaire; ce jour-là, sans l'aide de son frère Lucien, sa cause était à jamais perdue.

Nivelle, complètement étranger à la politique n'a pas vu comment un Briand, un Clemenceau parviennent, par un discours, par une attitude, par un mot dit à propos, à refaire une mentalité autre à cette foule qu'est la Chambre des députés. Il ne pense pas peut-être que si M. Painlevé ne dit pas le mot qui la calme, c'est parce que la rumeur malfaisante sert sa politique.

Il est mauvais qu'un Chef d'armée ait toujours le mot démission à la bouche, cependant c'était le cas de présenter une démission *motivée.* On niait sa victoire, on niait la qualité du commandement des chefs des VIe et V[e] armées, il y avait là des motifs à invoquer pour expliquer un départ et pour dire : « Ce sera le Ministre ou moi » et à ne pas en démordre. Il serait parti le 25 avril, cela eût mieux valu pour l'armée, pour sa propre gloire, pour le pays. Les solutions nettes sont toujours les meilleures. A la guerre, il vaut mieux être chêne que roseau.

Les 60.000 hommes de Brimont.

Dans cette même réunion du Comité de Guerre, on parle des attaques de Vauclerc, de la bataille de Reims qui est sur le point de se déclencher.

« On m'a dit que Brimont coûterait 60.000 hommes, dit M. Painlevé. » — « Qui, on? » demande Nivelle. Le Ministre ne veut pas le nommer, mais donne à entendre que c'est un général.

Des recherches sont faites, le propos semble être venu du général Mazel, des explications sont demandées à celui-ci, qui répond :

« Il (le Ministre), m'a demandé, sans me donner la raison de cette demande, quels effectifs étaient nécessaires pour l'affaire projetée au sud le l'Aisne. J'ai répondu; un corps d'armée sur Brimont, un autre sur mont Spin, cela fait en gros 60.000 hommes. *Cela n'a jamais pu vouloir dire que les pertes seraient de 60.000 hommes, ce qui est évidemment impossible.*

. . . .

« *Aujourd'hui, je viens déclarer au général en chef que, dénué de toute ambition personnelle, je lui demande instamment de me remettre à la disposition du Ministre de la Guerre si, à un degré quelconque*, il estime que le chef actuel de la Ve armée a manqué à son devoir militaire, en renseignant le Ministre de la Guerre sur une opération projetée.

« Signé : MAZEL. »

Cette affaire de Brimont est de la plus haute importance, puisque c'est elle qui a arrêté notre marche à la victoire. Elle est devenue bien cahotante, cette marche, depuis que M. Painlevé se mêle de vouloir la diriger, mais on avance tout de même quand le semeur d'embûches n'est pas là.

C'est ainsi que le 5 mai, la bataille de Craonne, dont le Ministre de la Guerre ne s'est pas occupé, est un beau succès, assuré par le concours des VIe et X[e] armées ; les Allemands y perdent 7.000 prisonniers, les crêtes d'Hurtebise et le plateau de Californie.

Un pareil succès aurait été la consécration de la manœuvre combinée, ordonnée dès le 23 avril, par Nivelle, pour dégager Reims par une action d'ensemble des Ve et IVe armées

Mais cette victoire de Reims, le Ministre de la Guerre l'empêchera de se produire.

Voici comment :

Il a compris — ou fait semblant — que l'attaque du front sud de l'Aisne, entre cette rivière et Reims, nous coûterait 60.000 hommes. Il jouera sur ce chiffre des pertes pour tout entraver.

Les exécutants que Nivelle a été voir, qu'il a consultés, depuis le commandant d'armée jusqu'aux commandants de brigade, parmi lesquels le colonel Messimy, espèrent tous le succès D'après leur avis, l'attaque pourra être lancée le 1er mai, ou le lendemain, selon que le temps favorisera plus ou moins les effets du canon. Le 28 au soir, les réglages sont terminés, le bombardement commence dans toute son intensité ; le général Micheler a présidé aux travaux de préparation, les pièces sont grandement approvisionnées.

Depuis vingt-quatre heures, les obus français écrasent les positions ennemies quand un coup de téléphone arrive au général en chef : « Le Gouvernement étant insuffisamment éclairé sur les risques et pertes possibles entraînées par l'opération a décidé de suspendre provisoirement toute décision relative à cette attaque jusqu'après l'entrevue imminente du général Nivelle et du général Pétain. »

Est-ce l'affaire du Gouvernement de s'immiscer d'opération en opération dans la conduite de la guerre? Est-ce témoigner envers le chef responsable la confiance légitime à laquelle il a droit que de faire contrôler par un collatéral une opération de guerre? A-t-on jamais vu deux généraux commander à la fois? Y a-t-il un instrument de mesure, une balance de précision pour apprécier la quantité de pertes possibles dans une opération de guerre? Peut-on savoir si l'ennemi accumulera ou non derrière sa ligne de bataille des troupes de réserve?

Chose plus grave. Il n'est pas vrai que le Gouvernement ait discuté de la chose et pris la décision dont jabote le téléphone. Quand, le 11 mai, Nivelle parlera de cela, des protestations seront proférées par plusieurs membres du Gouvernement.

Nivelle envoie donc au général Micheler l'ordre de faire cesser la préparation. Celui-ci proteste, mais quand le chef lui dit que c'est un ordre du Gouvernement contre lequel toute discussion est impossible, il s'incline. A la Ve armée, on ne comprend rien à la mesure, la confiance dans le général en chef s'en trouve atteinte, car on ne veut pas admettre que le général ne puisse faire entendre raison au Ministre ou du moins ne lui jette pas son tablier à la figure.

Reims maintenue sous le canon allemand.

Une opération est en cours de préparation ; deux attaques faites par chacun des côtés d'un angle droit, ayant Reims pour sommet, sont organisées. La Ve armée, poussant à gauche sur le mont Spin et à droite sur Brimont, dégagera Reims au Nord; peu après, la IVe armée, attaquant de Moronvilliers vers le Nord, dégagera Reims à l'Est. Cette victoire aura une influence morale considérable sur l'armée, sur la France, en Allemagne ; tout est prêt, les forces sont à pied d'œuvre, il n'y a qu'à laisser faire.

M Painlevé, qui joue là, volontairement ou non, un rôle regrettable, feint de croire que l'attaque sur Spin-Brimont coûtera 60.000 hommes.

Il impose à Nivelle, seul chef responsable, l'obligation de prendre l'avis du général Pétain. Celui-ci est entre Nivelle qui veut beaucoup et le Ministre qui ne veut rien ; il propose une « cote mal taillée ». Nous aurons la bataille de la « Cote mal taillée ».

On attaque à gauche : mont Spin ; on n'attaque pas à droite : Brimont. On enlève mont Spin, on aurait enlevé Brimont si on l'avait attaqué.

Mais mont Spin est intenable quand Brimont est aux mains de l'ennemi, on réperd mont Spin.

Voilà pourquoi Reims est demeurée une année de plus sous le canon allemand.

Cette bataille de la Cote mal taillée est l'œuvre du Ministre de la Guerre.

Nivelle disgrâcié au lendemain de la victoire de Craonne.

La dernière bataille que Nivelle a le droit de revendiquer pour sienne est la bataille de Craonne-Vauclerc, c'est une belle victoire. Raison de plus, pour M. Painlevé, de priver Nivelle de son commandement.

Le 15 mai, le général Nivelle est relevé et nommé au Commandement d'un Groupe d'armées ; il cède au général Pétain la situation de général en chef, mais le Groupe d'armées n'existe pas. Le 28 juin, le nouveau général en chef lui écrit : « Je n'ai, en ce moment, aucune mission particulière à vous confier ; je ne prévois, d'autre part, aucune vacance de commandant de groupe d'armées avant longtemps. »

Nivelle est remis à la disposition du Ministre, qui l'envoie en congé de convalescence.

Mangin, Mazel sont également en congé de convalescence, Micheler remis à la tête d'une armée.

Tous ceux qui commandaient le 16 avril sont ainsi en disgrâce et au Parlement des sanctions sont demandées contre eux.

Nul ne peut donc en douter, en Allemagne encore moins qu'en France, nous avons été vaincus, ces sanctions en sont la preuve manifeste.

Cependant, ce n'est pas assez de rassurer l'Allemagne pour le présent, il faut lui promettre la sécurité pour l'avenir. M. Panlevé donne alors connaissance à tous, amis de la France comme à ses ennemis, du plan d'opérations qu'il imposera au général Pétain.

« Il (1) est une autre leçon plus importante à tirer des rudes expériences de l'offensive d'avril. Je veux parler de la politique générale de guerre du Gouvernement et de ses directives.

« C'en doit être fini des plans ambitieux et téméraires dont les apparences grandioses dissimulent mal le vide et l'impréparation. (*Applaudissements sur les bancs du parti socialiste.*) C'en doit être fini des conceptions prétendues à la Napoléon, obstinément inspirées d'une école que la réalité a démentie et qui prétendent disposer et mettre en pièces, en quelques jours, des armées qui sont, en fait, des nations en armes. (*Très bien! très bien! sur les mêmes bancs.*)

« Une politique de guerre rationnelle, positive, dont la prudence n'exclut en aucune façon l'énergie qui calcule les forces en présence, les moyens d'exécution, leur portée, qui ne demande pas l'impossible aux poitrines humaines, mais tire de la machine de guerre, sous toutes ses formes, le maximum de ce qu'elle peut fournir, voilà la méthode de guerre qui s'impose à nous depuis longtemps, mais aujourd'hui plus que jamais. Cette méthode, messieurs, est celle du Gouvernement.

« *C'est par elle que nous pourrons* DURER *et rester forts jusqu'aux suprêmes batailles* ; c'est par elle que nous pourrons apporter aux heures décisives à nos Alliés, en même temps qu'une armée nombreuse et admirablement entraînée, tout un puissant matériel d'artillerie lourde... »

Traduisons : « Allemands, désormais n'ayez aucune crainte, nous ne ferons rien d'important, jetez vos nombreuses divisions contre Broussilov et l'armée roumaine. Portez-vous à Caporetto contre l'armée italienne, bousculez-la et marchez sur Venise ; nous, les Français, nous ne ferons rien d'ici un an, car il faut un an pour que l'Amérique ait envoyé son armée chez nous. Et vous, braves poilus, qui avez été commandés par des généraux qui nous ont menés à la défaite, rassurez-vous, c'est aux machines qu'on confiera le soin de se battre. »

Alors l'Allemagne se rassure ; pour manifester qu'elle est victorieuse, elle nous bombarde à jet continu au Chemin-des-Dames ; l'Autriche tremble devant l'Allemagne et nie ses négociations de paix ; la Russie et la Roumanie disparaissent ; l'Italie est durement éprouvée et l'armée allemande, en 1918, ne rencontre ni sur la route d'Amiens, ni sur celle de Château-Thierry, ces positions successives auxquelles une troupe se raccroche quand un échec est survenu plus en avant.

La justice violée.

En Comité secret et à la Commission de l'Armée, certains députés avaient demandé la comparution des vainqueurs de l'Aisne *devant un Conseil de guerre*.

Un Conseil de guerre juge. Le jugement peut être une condamnation, il peut être un acquittement avec félicitations.

M. Painlevé n'en veut pas.

Il pourrait ordonner la comparution devant un *Conseil d'enquête* ; c'est une juridiction moins solennelle et qui n'en impose guère à l'opinion publique. En cas d'acquittement, le Gouvernement apparaîtrait moins comme le condamné.

M. Painlevé n'en veut pas.

Le 20 août 1917, le général Nivelle reçoit une lettre du Ministre de la Guerre, lui faisant connaître que le général Brugère est désigné pour présider une *Commission d'enquête* devant laquelle il aura à comparaître.

Cette Commission d'enquête est composée des généraux

(1) Discours de M. Painlevé, *en séance publique*, le 7 juillet 1917. *J. O.* p. 1698, 3e colonne.

Brugère, Foch et Gouraud Elle examine les faits et innocente Nivelle de tous les reproches dirigés contre lui ; elle formulera des conclusions analogues d'ailleurs envers Mangin et Mazel.

Le Ministre n'est pas satisfait, il renvoie le rapport à la Commission d'enquête, pour qu'il soit remanié ; les loyaux soldats que sont Gouraud et Foch s'y refusent.

Alors, M. Painlevé, ne pouvant condamner, étouffe le procès-verbal. Le 17 novembre, jour où le Libérateur du territoire arrive au Pouvoir, aucune solution n'était intervenue ; le général Nivelle attendait à Paris, Mangin était frappé d'interdiction de séjour, comme un bagnard.

Pour couvrir ce qu'a d'outrageant pour la morale publique le fait de ne donner aucune solution au rapport de la *Commission d'enquête*, M. Painlevé appelle, aujourd'hui, ce tribunal : *La Commission d'étude*. (Lire *La Renaissance*, page 95, colonne 2, en titre).

Conclusion.

Résumons : En 1917, nous avions l'Unité de Commandement, la force, l'armement, les projectiles qui permettaient de chercher la décision, décision que réclamaient les Gouvernements et les Pouvoirs publics.

A ce moment, l'Autriche désirait la paix, l'Allemagne souffrait vivement de ses échecs de Verdun et de la Somme, elle était incapable de faire face par les armes aux armées restantes de la Russie et de la Roumanie et aux attaques combinées des armées d'Angleterre et de France sur le front occidental.

Pour éviter la bataille, l'Allemagne cède un vaste territoire de Noyon-Lassigny, Péronne à Saint-Quentin-La Fère, mais la bataille vient quand même. Ses 52 divisions disponibles fondent rapidement. Le 26 avril, elles sont réduites à 12 ; le 6 mai, il n'y en a plus, le 15 mai, le général Douglas Haig déclare que le 1er juillet, l'Allemagne sera à bout de forces.

L'armée italienne, paralysée longtemps par l'éventualité d'une attaque allemande, déboulant sur ses derrières par le Tyrol, est délivrée de toute crainte quand elle apprend que les disponibilités allemandes se sont usées sur Arras et sur l'Aisne. Elle va joindre ses attaques aux nôtres.

La Russie et la Roumanie font le dernier effort qui peut-être va les sauver.

L'Allemagne périrait si la politique de M. Painlevé ne venait pas à son aide. Elle arrive à point nommé, alors :

L'Unité de Commandement disparaît.

Les chefs français sont insultés. Une action de démoralisation du soldat s'exerce librement.

Nos immenses gains de territoire en Picardie sont tenus pour des échecs, nos victoires de l'Aisne sont présentées pour des défaites.

M. Painlevé arrête la guerre offensive au moment où le sang versé va produire ses fruits et du haut de la tribune de la Chambre, il annonce à l'Allemagne qu'avant longtemps elle n'aura rien à craindre de la France.

Ce Ministre, chef de la Justice militaire, établit une juridiction de fantaisie et s'affranchit des résultats de l'enquête qu'il a ordonnée.

Voilà la Vérité sur l'Offensive de 1917.

GÉNÉRAL CORDONNIER,

Ancien Commandant de l'Armée française d'Orient

Neuilly, le 18 novembre 1919,

LE MOUVEMENT BIBLIOGRAPHIQUE

Le grand amour de M. Delormeau, par JEAN MONTARGIS (La Renaissance du Livre).

Il paraît que ce roman est l'œuvre de début de M. Jean Montargis. En ce cas, M. Jean Montargis doit nous donner quelque jour un livre parfait. Ce livre ci est déjà plein de qualités : il est d'une agréable simplicité, il fourmille d'observations très fines, il est joliment écrit et il est aussi franchement amusant, bien que possédant un fond de mélancolie. L'auteur a eu le talent d'entourer l'aventure de M. Delormeau d'une atmosphère de douceur et de calme qui contraste de façon singulière avec les préoccupations de l'heure présente. M. Jean Montargis aurait-il écrit son roman avant la guerre ? Mais au fait qu'allons-nous chercher là et pourquoi cette question? « Ne nous en faisons pas... » plus qu'il ne faut et fermons ce livre en songeant que les agitations de la rue meurent sur le seuil de la maison paisible où s'est retiré M. Delormeau.

⁂

Fin d'œuvre, par MAURICE ROLLINAT (Fasquelle).

Il y a longtemps, très longtemps, que j'ai ouvert pour la première fois un volume de vers de Maurice Rollinat. Mais j'ai conservé le souvenir de cette lecture. Rollinat ne ressemble en effet à aucun autre poète et il donne bien le frisson nouveau à ceux qui font connaissance avec son talent où dominent l'inquiétude et cette atmosphère troublante de rêve et de réalité.

Ce qui me séduit en lui, beaucoup plus que le côté mystérieux qui a fait la fortune de ses poèmes, c'est l'inspiration terrienne de son œuvre. Rollinat, peintre exact et charmant des tableaux de la campagne, est un artiste d'un pittoresque achevé. Et cela est si vrai que dans la belle étude que lui consacre M. Gustave Geffroy, en tête de ce volume, il est dit que Rollinat voulait écrire « une pièce dramatique et comique, dont l'action se serait passée au village ». Nous voilà loin du Rollinat de la légende qui ne se plaisait qu'aux plaintes de l'orage et en pleine épouvante.

On retrouvera dans ces derniers vers de Rollinat, réunis sous le titre de *Fin d'œuvre*, ce curieux mélange de tranquillité et de passion presque sauvage qui constitue un talent dont on ne saurait contester la vigoureuse originalité.

⁂

Lille, par le GÉNÉRAL PERCIN (Bernard Grasset).

Documents en mains, M. le Général Percin — et qui l'en blâmerait ? — défend son honneur de soldat. A quelque opinion que l'on appartienne, on doit avoir la religion de la vérité, et c'est bien ainsi que le Général d'Amade a compris son rôle quand il a écrit, à celui qui fut son subordonné en un moment critique, une lettre où il rend hommage à son esprit de devoir patriotique.

Nous n'avons pas à suivre M. le Général Percin sur tous les terrains où il lui plaît de s'aventurer : ceci dépasse le cadre de cette modeste chronique bibliographique, et nous n'avons pas ici à prendre parti dans une discussion où ne peuvent entrer, semble-t-il, que des techniciens et des personnes possédant des renseignements d'une authenticité absolue.

⁂

L'Illustre Manfouty, par JOS.-J. SCHURMANN et GUILLOT DE SAIX (Albin Michel).

Cette fois, le destin en est jeté, Manfouty est mort, bien mort ; ses auteurs n'ont pas hésité ; ils ont eu la cruauté de faire expirer sous nos yeux cet illustre comédien. Il fallait que la « tournée » prît fin ; dorénavant, pour être au courant des aventures et tribulations sans nombre du fameux cabot, nous en serons réduits à feuilleter les trois volumes où nous est contée, avec tant de verve, la vie trépidante de ce héros.

Ce qui rend particulièrement intéressants les livres consacrés à Manfouty, c'est la galerie des portraits contemporains qu'ils renferment. Il y a là toute une mine de documents que, plus tard, compulseront les historiens du monde actuel du théâtre, et grâce à l'ingénieuse idée de MM. Schurmann et Guillot de Saix, des silhouettes effacées seront reconstituées, et des voix éteintes depuis longtemps pourront presque être à nouveau entendues.

⁂

La Petite Femme incolore, par DANIEL RICHE (Renaissance du livre).

Aliette Prunaucourt ressemble à bien des petites personnes que nous rencontrons çà et là dans Paris, sur les boulevards ou dans les grands magasins. Faut-il jeter la pierre à cette gentille personne qui prend en somme la vie comme il lui plaît de la prendre ? Nous ne professons point ici un cours de morale, et s'il faut donner un conseil à quelqu'un, ma foi, ce sera à Aliette, en lui recommandant de mener par le bout du nez les hommes qui tombent dans ses filets.

M. Daniel Riche a mis dans ce livre aimable ses qualités ordinaires d'ironie et d'imagination.

⁂

Six poèmes d'automne, par GUY LAVAUD.

Ce n'est pas à Paris qu'il faut lire les poèmes de M. Guy Lavaud, mais bien dans quelque coin solitaire de l'Ile-de-France ou de la Touraine, alors que le soleil de septembre dore le long des murs la vigne vierge. Au loin, dans les arbres, monte le toit de la maison familiale, vieille demeure entourée d'un jardin orné de charmilles et de parterres où croissent les volubilis et les roses trémières. Au milieu de ce tranquille décor, nous nous pénétrons des pensées délicates contenues dans les vers M. Guy Lavaud, poète qui excelle à noter ces sensations indéfinissables qui frôlent notre âme ainsi que des plumages...

⁂

Contes après les Contes, par JULES SÉVERIN CAILLOT (Plon).

L'idée qu'a eue M. Caillot de continuer les contes de fées, dont la lecture enchanta notre enfance, n'est pas entièrement nouvelle, et je sais tel chroniqueur boulevardier — dont le nom est d'ailleurs à peu près oublié de la génération présente — qui, lui aussi, ajouta un chapitre à *Peau d'Ane* et à *Barbe Bleue*.

Seulement, les contes de ce chroniqueur étaient vraiment destinés aux enfants, tandis que la « suite », imaginée par M. Caillot, n'amuserait guère, je crois, les tout petits qui l'écouteraient. La moralité y est en effet plus importante que l'invention, et nous savons que la morale de l'histoire importe peu aux enfants — et souvent aux grandes personnes. Je ne veux pas dire par là que ce recueil ne doit pas être lu par ces grandes personnes : au contraire, je tiens que ce livre ingénieux et très spirituel est fort propre à inspirer aux esprits superficiels de sages et salutaires réflexions.

⁂

Le Vœu de l'Etre, poèmes par CHARLES COUSIN (Edition de La Connaissance).

Luxueuse plaquette où, dans un langage cher autrefois à M. René Ghil, le poète nous dit que le Vœu de l'Etre « incante les tendresses génitrices du devoir, en la sympathie de l'Univers, selon d'abord le Rite lunaire, qui reflète l'Espoir du Verbe, annuant au Soleil ». Ce petit livre, plein d'ailleurs de qualités, a évoqué en moi l'époque, hélas! déjà ancienne, de ma jeunesse, alors que mon vieil ami Emmanuel Delbousquet — le futur auteur du splendide *Chant de la Race* — écrivait « *En les Landes* ». M. Charles Cousin, j'en suis bien sûr, écrira lui aussi, plus tard, son *Chant de la Race*, car il a le sens de la couleur, du rythme et ne manque pas d'imagination.

MARC VARENNE.

Editions de la RENAISSANCE

PARIS = 10, Rue Royale, 10 - PARIS

LA RENAISSANCE POLITIQUE, LITTÉRAIRE, ÉCONOMIQUE

a publié, au cours de la guerre, une série d'articles importants sur les opérations militaires. Ces études, signées d'éminents spécialistes et appuyées de documents officiels inédits, ont eu, par leur portée historique, le plus grand retentissement.

On trouvera ci-après la nomenclature de quelques-unes de ces études, parmi les principales ;

17 Avril 1915	*La Revanche*, par le Général Bonnal.
4 Septembre 1915	*La Bataille de l'Ourcq*, avec 4 cartes, par le Général Bonnal.
2 Septembre 1916	*La Retraite de Charleroi. La Bataille de l'Ourcq. La Bataille de la Marne.* (d'après des documents inédits), par X...
2 Septembre 1916	*Gallieni pendant les journées de l'Ourcq*, par P.-B. Gheusi, son officier d'ordonnance. *Souvenirs sur Gallieni et sur Paris* (septembre 1914), par Whitney-Warren.
28 Octobre 1916	*L'Offensive Française en Alsace* (août 1914), par Ernest Renauld.
23 Novembre 1916	*Retraite de l'Armée Anglaise* (23 août 1914), par Ernest Renauld.
28 Avril 1917	*La Bataille-Manœuvre de Signy-l'Abbaye-Rethel* (avec 2 cartes), par Vérax.
4 et 18 Août 1917	*L'Offensive Française en Alsace-Lorraine annexée*, par Ernest Renauld.
1er Septembre 1917	*La Bataille de l'Ourcq* (5-10 septembre 1914), par Paul H. Courrière.
29 Septembre 1917	*Le Rôle de la Cavalerie dans celle Guerre*, par le Général X...
2 Mars 1918	*La Cavalerie a-t-elle encore sa raison d'être ?* par Paul-H. Courrière.
15 Février et 1er Mars 1919	*Un Verdun inconnu*, par E. Renauld.
21 Juin 1919 / 5 et 19 Juillet 1919	*Dans l'Ombre de Gallieni. (Journal d'un Officier d'Ordonnance)*, par P.-B. Gheusi.
Novembre 1919	*La Vérité sur l'offensive du 16 Avril 1917*, par Paul Painlevé.

LA RENAISSANCE DE L'ART FRANÇAIS ET DES INDUSTRIES DE LUXE

Paraît tous les mois sur papier de luxe avec 40 pages de texte, de belles illustrations et reproductions hors texte en couleurs.

Rédigée par les meilleurs écrivains d'Art, elle publie des articles sur l'Art ancien et moderne et sur les applications de l'Art aux industries somptuaires, suit de très près toutes les manifestations artistiques, et signale dans son *Carnet d'un Curieux* tout ce qui peut intéresser le monde des Arts et de la Curiosité.

C'est la plus élégante, la plus utile et *la moins chère* des Revues d'Art. — Elle sera aussi la plus complète, dès l'inauguration toute prochaine de Correspondances d'Europe et d'Amérique, où seront suivis par d'éminents spécialistes, le mouvement artistique à l'Étranger, les Expositions, l'enrichissement des Musées et des Collections particulières, et les fluctuations du Marché artistique mondial.

Tous les amis de l'Art doivent s'abonner à la *Renaissance de l'Art Français et des Industries de Luxe*.

Abonnements : France, 40 francs. — Étranger, 50 francs. — Le Numéro : 4 francs. — Étranger, 5 francs.

SPORTS ET TOURISME

Revue Mensuelle illustrée

Cette Revue est la continuation de la *Renaissance du Tourisme*, sous une nouvelle et attrayante formule.

Comme sa devancière, elle s'attache aux problèmes touristiques et suit de très près le mouvement industriel qui s'y rattache et qui constitue un des éléments essentiels de notre relèvement national. Elle attire tout ceux que passionne le Sport et qui s'intéressent à l'Education physique de notre jeunesse.

Par la variété de ses textes, la richesse et l'abondance de sa documentation graphique et sa belle tenue, *SPORTS ET TOURISME* a sa place marquée dans tous les salons de lecture et dans les familles.

TOURISTES, AUTOMOBILISTES, SPORTSMEN, HOTELIERS

Abonnez-vous à **SPORTS & TOURISME**

Abonnements pour l'année : France, 20 francs. — Étranger, 30 francs. — Le Numéro 2 francs.

Envoi d'un numéro spécimen gratuit, sur demand

…s Pink ça fait du bien.

…pas dire : « Je suis malade, j'ai …je ne guérirai jamais », parce…nt, au même instant il y a …i se présente et qui vous dit : …que je ne guérirais pas et les …m'ont guéri ». Or, vous êtes …mme tout le monde, n'est-ce

…i, c'est Mme Marie-Louise Ro…rière à Angers, 120, rue de la …ui nous écrit qu'elle voit la vie …: « Au commencement d'avril,

Mme ROTHEAUX (Cl. Laubatier.)

…re des Pilules Pink. Je ne les … Je suis revenue à mon état …ais maigri, j'ai repris mon …trouvé mon entrain, mes for…urage et mon appétit. J'étais …a régularité est revenue. Les … connaissent disent que c'est …tion ».

…'est pas bien difficile à obte… trois Pilules Pink par jour, …ez à votre travail ou à vos

… Pink sont souveraines pour …ng et tonifier les nerfs. Elles …anémie, le dépérissement, la …jeunes filles et les troubles de …lus de migraines, plus de pal…is de maux d'estomac. Elles …ssi les troubles nerveux, la

…en vente dans toutes les phar…dépôt : Pharmacie P. Barret, …50 la boîte, 17 fr. 50 les six …, plus 0 fr. 40 de timbre-taxe

Imprimerie de la Presse Française, 10, rue du Faubourg-Montmartre, Paris. *Le gérant* : ALEXANDRE LEBORNE.

www.ingramcontent.com/pod-product-compliance
Ingram Content Group UK Ltd.
Pitfield, Milton Keynes, MK11 3LW, UK
UKHW020413220726
13923UKWH00004B/1923

9 782329 059808